GÜNTHER MADER

ÜBER LEBEN

Ski-Star, Schlaganfall-Patient, Manager

Edition Gutenberg

DIE KARRIERE

DER SCHLAGANFALL

INSIDE WELTCUP

Ich wollte lange nicht über die Zeit sprechen.

Über die Tage in der Intensivstation, über das schreckliche Gefühl, die Hand nicht bewegen zu können, das Bein nicht, nicht sprechen zu können, weil die rechte Gesichtshälfte gelähmt war. Über die Zeit, in der mir mein Sohn Michi das Rechnen beibringen musste – als Sechsjähriger. Über die Zeit, in der meine Frau Ingrid überall im Haus gelbe Notizzettel anbrachte, damit ich mich zurechtfand – KASTEN stand drauf, SESSEL oder BECHER. In so großen Buchstaben, dass sie auch jemand lesen konnte, dessen Augen nicht gut funktionierten.

Ich musste im März 1998 mein Leben neu beginnen. Nach einem Schlaganfall, den ich 13 Tage nach meinem letzten Rennen erlitt.

Ich überlebte, obwohl einer der behandelnden Ärzte am frühen Morgen des 14. Tages nach meinem letzten Rennen zu meiner Frau Ingrid sagte: „Wir können nichts mehr für ihn tun.“ Der Arzt hatte mich jahrelang aus dem Skizirkus gekannt; in dem Moment hatte er Tränen in den Augen.

In diesem Buch beschreibe ich erstmals die vielen, vielen Schritte des langen Wegs zurück ins Leben. Es ist vielleicht das wichtigste Kapitel, wichtiger als die Schilderung des Kitzbühel-Triumphes 1996, wichtiger als die Blicke hinter die Kulissen des High Tech-Business Rennsport.

Denn dieses Kapitel, so hoffe ich, kann Menschen Mut und Zuversicht geben, die sich selbst in schwierigen Lebenssituationen befinden.

Niemals aufzugeben, immer weiterzukämpfen, das ist die Botschaft nicht nur dieses Teils meines Buchs. Denn den eigenen Weg konsequent zu gehen, auch wenn es leichtere Wege gegeben hätte, das war auch während meiner Ski-Karriere immer meine Linie.

Ich habe dieses Buch nicht zuletzt geschrieben, um jungen Rennläufern die Möglichkeit zu geben, eine Karriere komplett zu verfolgen, die durch alle Hochs und Tiefs gegangen ist. Ich habe hunderte, tausende Situationen erlebt und Entscheidungen getroffen, die jeder Rennläufer erlebt und vor denen jeder Rennläufer steht. Manche Entscheidungen habe ich richtig getroffen, manche falsch.

Dieses Buch beschreibt, wie meine Siege zustande kamen, wieso ich welche Niederlagen einstecken musste – und es beschreibt die Einsichten, die ich in fast drei Jahrzehnten Hochleistungssport gewann.

Etwa die Erkenntnis, dass der Skisport gefährlich ist. Nicht so sehr was Verletzungen betrifft – da ist das Risiko überschaubarer, als viele denken. Die größte Gefahr des Spitzensports ist eine menschliche. Von klein auf wirst du dazu erzogen, in einer Scheinwelt zu leben, in der dir alles abgenommen wird, was das wahre Leben ausmacht. Du wirst zur absoluten Konzentration auf deine Leistung erzogen. Das ist notwendig, um Erfolg haben zu können. Aber es ist gefährlich.
Verband, Trainer, Skifirma, Eltern, Freundin, Fanclub, Journalisten, wildfremde Leute auf der Straße, Sponsoren – sie alle bauen diese Scheinwelt um dich. Diese Scheinwelt ist eine riesige Versuchung, sich selbst zu wichtig zu nehmen, sich zu überschätzen. Du vergisst dabei leicht aufs kleine Einmaleins des Lebens: um Dinge zu bitten, sich zu bedanken. Vieles nicht als selbstverständlich zu sehen. Deinen Servicemann zum Essen einzuladen, einem Kind, das ein Autogramm will, ein ehrliches Lächeln zu schenken, von Mensch zu Mensch. Es sind die vielen scheinbar kleinen Dinge, um die es in Wahrheit geht …

Ich bin vielen Menschen zu Dank verpflichtet, nicht zuletzt, weil sie mir immer dabei geholfen haben, die wahre Welt wichtiger zu nehmen als die Scheinwelt.

Einige möchte ich stellvertretend für alle nennen: Meine Eltern Roman und Christl, meine Frau Ingrid, meine Kinder Carina und Michi und meinen Lebensfreund Robert Trenkwalder.

Sie haben mir geholfen, mein Leben zu dem zu machen, was es ist. Ich habe allen Grund, ihnen dafür dankbar zu sein.

Ihnen möchte ich dieses Buch widmen.

samas
32
nimm
nimm
asics
asics
reusch
nöm Mix

DIE KARRIERE

STATIONEN VON 1970 BIS 1998. EIN TIROLER GENDARMENSOHN EROBERT DIE SKIWELT.

DER ERSTE SCHWUNG

Gries am Brenner, Tirol, sechziger Jahre. Wie der Volksschullehrer Robert Trenkwalder zu seinem Lieblingsschüler kam. Und wie eine Weltkarriere begann – oder eigentlich zwei.

Gries am Brenner, sechziger Jahre: 800 Einwohner, eine Volksschule mit zwei Klassen, vier Sägewerke, ein Gasthaus, das vom Bürgermeister betrieben wurde, ein Skiclub von regionaler Bedeutung, zwei Lifte, nicht die modernsten Tirols, und streng genommen ein Hang, den diese beiden Lifte wacker bedienten.

Wintertourismus hieß in Gries damals: Tagesausflügler, Skifahrer aus Innsbruck, die den schneesicheren, 30 Kilometer nahen Geheimtipp schätzten.

Im Herbst 1966 wurde Gries am Brenner um eine kleine Attraktion reicher: In den Ort wurde der jüngste Volksschullehrer Österreichs versetzt: Robert Trenkwalder, 18 Jahre alt, frischer Maturant der Innsbrucker Lehrerbildungsanstalt und sehr fußballbegeistert.

Das Skifahren hätte ihm eigentlich auch immer gefallen, aber dafür hatte in der neunköpfigen Familie Trenkwalder daheim in Amras bei Innsbruck das Geld gefehlt und zudem war Robert überhaupt eine ganz andere Karriere in die Wiege gelegt worden: Der Vater, Volksschuldirektor, ehrwürdiger Kapellmeister und hoch angesehener Chorleiter, hatte für seinen Jüngsten die Musik erkoren.

Robert verbrachte die Zeit vom zwölften bis zum sechzehnten Jahr als Wiltener Sängerknabe, gar besang er in dieser Zeit zwei Schallplatten.

Also begann Trenkwalder, 18-jährig, ehemaliger Sängerknabe, seine Berufslaufbahn als Lehrer in der zweiklassigen Dorfschule von Gries am Brenner. „Zweiklassig“ hieß: 45 Schüler der Schulstufen eins und zwei

DIE FRÜHE TECHNIK
Günther, hier 11-jährig, in vorbildlicher Haltung. Treue Wegbegleiter der frühen Jahre: die Kneissl-Ski. Sie waren zwar stocksteif und damit nicht ausdrücklich für den Jugendrennlauf konzipiert, aber sie waren kostenlos. Und das war der entscheidende Vorteil.

wurden von Trenkwalder ans Alphabet und ans kleine Einmaleins herangeführt. Alle anderen Kinder der Grieser Schule betreute der Direktor, die zweite Klasse umfasste alle Kinder von der dritten bis zur neunten Schulstufe, also von acht bis 14 Jahren.

Deren Lehrer für Zeichnen, Singen und Turnen war Robert Trenkwalder. Und während ihm der Singunterricht besonders leicht von der Hand ging, litt der Turnunterricht unter einem groben Missstand: Die Grieser Schule nämlich hatte keinen Turnsaal. Geturnt musste im Klassenzimmer werden – oder im Freien.

So hatte der einfallsreiche und ehrgeizige junge Lehrer, als Turnlehrer aller Sechs- bis Vierzehnjährigen des Ortes zudem in einigermaßen verantwortungsvoller Position, eine Idee.

Er schlug der Landesschulbehörde ein Projekt vor:

Alle Turnstunden des Herbstes und des Frühjahrs sollten in Deutsch- oder Mathematikstunden verwandelt, im Tausch sollte im Winter ein Tag pro Woche ausschließlich dem Skisport gewidmet werden. Die turnusmäßig anfallenden Turnstunden sollten, so der Plan, ebenfalls auf der Skipiste verbracht werden.

Das Projekt wurde bewilligt.

Damit begann eine Trainerkarriere, und zwar wahrscheinlich die beachtlichste der Skigeschichte.

Zur etwa selben Zeit begann auf einer abschüssigen Wiese hinter dem Gasthaus seines Onkels in St. Jodok am Brenner die Skikarriere des Gendarmensohns Günther Mader, und zwar unspektakulär: Der vierjährige Günther übte sich mit seinem Cousin Christoph im Erlernen der Skitechnik auf eine Weise, die eher nach Herumtollen aussah. Ziel des Tuns war auch nicht die große Karriere; das Freizeitangebot in Gries und St. Jodok war einfach ein mattes, das Fernsehprogramm eröffnete erst abends.

Mit vier Jahren starteten die beiden Buben bei den St. Jodoker Meisterschaften als Vorläufer, es war das erste Mal, dass Günther Rennluft schnupperte. Seine Wangen waren aber nicht so sehr vor Aufregung rot, sondern vom Hinaufstapfen auf den Hügel; denn Liftkarten waren teuer, das Gendarmengehalt des Vaters schmal, und es musste nicht nur die Eigentumswohnung abbezahlt, sondern auch Frau und drei Kinder ernährt werden: Günther, der Älteste, die zwei Jahre jüngere Gabi und Stephan, fünf Jahre jünger als Günther.

Die historische Wiese und das Gasthaus davor, der „Geraerhof“, existieren in St. Jodok übrigens heute noch; Wirt ist Günther Maders Cousin Christoph.

Robert Trenkwalder hatte in der Zwischenzeit Ski zu fahren begonnen, als Autodidakt. Die Ernsthaftigkeit seiner skifahrerischen Ambitionen stieg rasant, Trenkwalder entwickelte sogar Ehrgeiz in Richtung des Rennsports. Das wiederum brachte den Grieser Skiclub in den Genuss der Bekanntschaft mit dem resoluten jungen Mann, der bald auch als Skiclub-Trainer die Kinder des Ortes betreute, die somit auch nachmittags in den Genuss der Betreuung durch den Lehrer kamen.

1970 stand der Tiroler Skirennsport in hoher Blüte: Karl Schranz aus St. Anton am Arlberg hatte in der Saison 1969/70 den Gesamt-Weltcup der Herren geholt. Im Herbst 1970 wurde der sechsjährige Günther Mader

FAMILIENALBUM
Günther mit dem ersten Trainingspartner, dem Cousin Christoph, heute Wirt des historischen Gasthofs in St. Jodok am Brenner. Familie Mader mit uniformiertem Vater neben dem Ältesten Günther (2.v.l.). Rechts: Das Ski-Talent mit altersbedingt stark ausgeprägtem Schneidezahn.

HERR LEHRER, HERR TRAINER, HERR MANAGER
Günthers Volksschulklasse in Gries mit dem stolzen jungen Lehrer (man beachte den jungen Mann in der ersten Reihe mit dem quer gestreiften roten Pullover). Schneidig war die Skimode damals sehr, wie man auch beim Training sah. Und erste Vermarktungsversuche gab's auch.

Das junge „Racing-Team Gries am Brenner" mit seinem Lehrer und Trainer Robert Trenkwalder fährt GEZE. Vielleicht wird schon in den kommenden Jahren ein Knirps zum großen Ski-Rennläufer heranwachsen.

in Gries am Brenner eingeschult, sein Lehrer Robert Trenkwalder begann zu dieser Zeit die dreijährige Ausbildung zum staatlich geprüften Skitrainer und bekam Lust, die Kinder aus Gries nicht nur im Bezirk wettrennen zu lassen. Denn im Vergleich mit anderen Wipptaler Gemeinden gab es beachtliche Erfolge zu feiern – Günther etwa war sehr geschickt und musste sich nur einem Gleichaltrigen geschlagen geben, Trenkwalder Toni aus Pfaffenhofen, nicht verwandt und nicht verschwägert mit dem Grieser Lehrer und unzweifelhaft größte Ski-Begabung des Landes.

Im Februar 1971 wurde von Robert Trenkwalder beschlossen, nach Mayrhofen zu fahren, ins Zillertal, zum großen Tiroler Kinder-Skirennen. Denn der Volksschullehrer, der in seiner Freizeit das Skifahren lehrte und sich soeben zur Trainer-Ausbildung angemeldet hatte, suchte die Herausforderung.

Günthers Vater war in Wien bei einer Weiterbildung der Gendarmerie. Die Mutter leistete Widerstand gegen die über 100 Kilometer weite und daher mit großen Kosten verbundene Anreise. Doch der Widerstand konnte mit Hilfe einer Unterstützung durch den Skiclub Gries überwunden werden – Günther war schon eines der besten Pferde im Stall des jungen Trainers. Nicht das beste, das war Günthers Freund Martin Hofmann, aber doch eines, auf das man beim ersten Ausflug in die große Tiroler Skiwelt nicht verzichten wollte. Denn was man gar nicht wollte, war sich so zu blamieren, wie in Gries allgemein angenommen wurde, dass man sich blamieren würde. Denn man hielt nicht viel von den außerschulischen Ambitionen des Lehrers.

Trenkwalder setzte sich eines klirrend kalten Februar-Samstags um halb sechs Uhr früh hinters Steuer eines gemieteten, schlecht geheizten VW-Busses, hinter sich die Kindermannschaft des Skiclub Gries, vor sich Mayrhofen, wohin zur selben Zeit die großen Skiclubs des Landes ihre Besten entsandten.

Günther Mader erlebte an diesem Tag die erste Fahrt in einer richtigen Gondelbahn, sah funkelnde Autobusse, stolz mit den Namen von Skiclubs bedruckt, und Kinder mit echten Rennanzügen.

Die Grieser Delegation hatte für jedes Kind ein Paar Kneissl-Ski dabei. Kneissl baute damals die ersten Plastik-Ski, steif wie Eisenbahntraversen, was der Konstitution eines klein gewachsenen Sechsjährigen nicht entgegenkam. Aber die Kneissl-Ski hatten einen enormen Vorteil: Trainer Trenkwalder bekam sie kostenlos, für jedes Kind zwei Paar, eines zum Training und eines fürs Rennen. Die Rennski bewahrte er bei sich zuhause auf.

Günther wurde Zweiter in der Klasse Kinder 1 bei über 70 teilnehmenden Kindern aus dem ganzen Land. Geschlagen wurde er nur von Trenkwalder Toni aus Pfaffenhofen, der mit Profi-Weltmeister Hugo Nindl trainierte, einen schneidigen knallgelben Rennanzug trug, dazu maßgeschneiderte Skischuhe und Fischer-Rennski fuhr. Dritter in Mayrhofen wurde Guido Hinterseer aus Kitzbühel, Sohn der großen Skifamilie.

Als die Delegation nach Gries zurückkam, vereinbarte man Stillschweigen über den Erfolg, um mit dem plötzlich präsentierten Pokal umso größeren Eindruck zu schinden. Der Plan scheiterte. Günther stieg aus dem Bus, riss den Pokal aus dem Rucksack und rief:

DIE SCHNEIDIGKEIT DER FRÜHEN JAHRE
Was in Gries trainiert wurde, war Skifahren als umfassende Herausforderung: Tiefschnee, Springen, Wald – „Freeriden" nennt man's heute. Erfolge folgten: etwa in Mayerhofen, wo Günther auch im Jahr nach dem ersten Erfolg aufs Stockerl fuhr, diesmal als Dritter. Sieger wie immer: Trenkwalder Toni.

„Zweiter bin i word'n! Zweiter! Zweiter!"

Der Volksschullehrer informierte die Bezirkszeitung vom ersten großen Erfolg des neu gegründeten „Racing Team Gries am Brenner", das bei den Kinderskitagen in Mayrhofen gegen härteste Konkurrenz aus ganz Tirol mit dem zweiten Platz des sechsjährigen Günther Mader für einen landesweit beachteten Erfolg sorgte.

Der sonderbare Lehrer Trenkwalder hatte vor allem vier Eigenschaften: Er war erstens ein intelligenter Bursche (der während seiner Schullaufbahn wegen besonderer Begabung sogar eine Klasse übersprungen hatte), war zweitens von außergewöhnlicher Entschlossenheit (man sagte „bockstur"), war drittens auf die verrückteste Art skibegeistert und hatte viertens zwei grobe Lücken in seinem Wortschatz:

Erstens fehlte: „Kompromissbereitschaft".

Zweitens: „Autoritätsgläubigkeit".

Diese Lücken halfen Trenkwalder, seine gesellschaftliche Position im Ort schnell zu beziehen. Er fand Freunde ebenso leicht wie Gegner, und seine Zurückhaltung im Einsatz von Diplomatie ließ niemanden im Unklaren drüber, zu welcher Gruppe er sich zu zählen hatte. Wenn Trenkwalder jemanden für einen Trottel hielt, sagte er ungefähr: „Du bisch für mi a Trottl." Wenn Trenkwalder aber jemanden schätzte, war er von Liebenswürdigkeit, Sanftmütigkeit und von beinahe aufopfernder Hilfsbereitschaft.

Zwischen Vater Mader und dem jungen Volksschullehrer entstand bald die engste Freundschaft, die Trenkwalder im Ort gewann. Die Begeisterung für Günthers Talent verband sie. Wobei nicht die skifahrerische Veranlagung des Buben herausstach, sondern seine Fähigkeit, im Rennen schneller zu fahren als im Training. Diese Eigenschaft unterschied Günther von anderen, etwa von seinem besten Freund Martin, der im Training stets der Schnellste war – aber im Rennen allzu oft an den Nerven scheiterte. Häufig mussten sogar Pausen auf der Anreise zu Rennen eingelegt werden, denn die Nervosität schlug sich beim bedauernswerten Buben auf den Magen, und nicht immer verließ ihn das Frühstück auf dem von Mutter Natur vorgesehenen Weg.

Günther war das genaue Gegenteil: schon als Kind cool wie ein abgekochter Weltcup-Routinier. Er wurde schneller, wenn die Zeit lief.

In dieser Zeit begann Trenkwalder, für sich das Wort „Talent" neu zu definieren. „Die so genannten Talente", sagt er heute, „haben es viel schwerer, ganz nach oben zu kommen, ganz an die Weltspitze. Sie erlernen viele Dinge schon früh viel leichter als einer, der jeden Tag zäh dafür arbeiten muss, sich zu verbessern – denn der lernt, an sich zu arbeiten. Mit dieser Fähigkeit kommt er weiter. Und irgendwann, meist knapp vorm Gipfel, überholt er das so genannte Talent."

Für den Vater war es keine Frage, neben dem Gendarmeriedienst einen Job an der Tankstelle anzunehmen, um dem Sohn das Skifahren finanziell zu ermöglichen. Für Trenkwalder und den Vater war es selbstverständlich, Nächte und Nächte gemeinsam Ideen zu wälzen, wie man das Training verbessern, welche Rennen man bestreiten, wie der weitere schulische Weg aussehen könnte. Jedes Detail wurde im Wohnzimmer der noch lange nicht abbezahlten Maderschen Eigentumswohnung gewälzt und analysiert, bis sich der junge Lehrer in der Morgendämmerung auf der Eckbank ein Nickerchen gönnte, um sich alsbald gemeinsam mit seinem liebsten Schüler auf den Schulweg zu machen.

Die Unterstützung der skifahrerischen Ambitionen des Buben – eines Volksschülers! – passierte völlig frei von Hintergedanken an eine spätere große Karriere, aber mit dem enormsten vorstellbaren Aufwand. Ein Aufwand, der den Vater dreißig Jahre später selbst ein wenig irritiert.

„Wir haben nie dran gedacht", sagt er heute, „dass das, was wir gemacht haben, eigentlich ziemlich irr war."

Nachsatz: „Wahrscheinlich war's gut, dass wir nicht drüber nachgedacht haben."

Die Karriere begann, weitere Kreise zu ziehen.

Das Kommando im Skiclub Gries am Brenner übernahmen Gendarm und Volksschullehrer in einer nicht ausschließlich samtenen Revolution: Trenkwalder war bald nicht nur Cheftrainer, sondern auch Obmann des Vereins und kümmerte sich um das, was man heute „Management" nennen würde: Er ging zu Wirtschaftstreibenden und erklärte ihnen, dass sie Unterstützung für das großartige und zukunftsweisende Projekt „Racing Team Gries am Brenner" zu leisten hatten. Vater Mader bekleidete das Amt des Schriftführers, er war, was man heute „Pressesprecher" nennen würde.

Im Ort fiel das Treiben der Sonderlinge immer stärker auf – nicht immer reagierte man amüsiert. Vor allem erhob sich ein wenig Zorn im Grieser Volk, als Trenkwalder damit begann, geeignete Bedingungen für das nötige professionelle Training zu schaffen, indem er die Grieser Skipiste vereiste, was die aus Innsbruck angereisten Tagesskiläufer zu Tal purzeln ließ wie Marionetten, denen man die Schnüre gekappt hatte.

Oder indem er Kurse ausflaggte, quer über die vereisten Pisten, und Skitouristen mit unschönen Worten bewarf, wenn sie seinen Kurs zu kreuzen wagten.

Insgesamt war der skiverrückte Dorflehrer nicht in Gefahr, die Verdienstmedaille des örtlichen Fremdenverkehrsverbandes verliehen zu bekommen.

TRENKWALDER WAR ERFÜLLT VOM UNERSCHÜTTERLICHSTEN VERTRAUEN IN SEINE FÄHIGKEITEN

Dann begannen Mitarbeiter der Liftgesellschaft, mit der Pistenraupe die Torstangen des Skiclubs in die Piste zu walzen, und der Volksschullehrer, mittlerweile Mitte Zwanzig, sagte deutlich seine Meinung zu solchem Vorgehen. Nicht alle verwendeten Worte sprach er leise aus, nicht alle Worte hatte er in der Ausbildung zum Volksschullehrer erlernt. Nach dem Zornesausbruch ging er hin, kaufte neue Torstangen, vereiste den Hang blanker denn je, steckte seinen Kurs und bewarf Skitouristen mit frischen barschen Worten.

Bemerkenswert war zugleich, dass Autodidakt Trenkwalder Zeit und Energie fand, sich neben seiner Tätigkeit als Volksschullehrer, als Cheftrainer des Skivereins, als Manager und Obmann darüber hinaus mit dem Skitraining in der Theorie auseinander zu setzen.

„Ich habe damals die Fähigkeit entwickelt, nach einer Viertelstunde ausgeschlafen zu sein", sagt er.

Er entwickelte ein eigenständiges Übungsprogramm mit völlig unüblichen Methoden: Die Kinder mussten auf einem Ski fahren, ohne Stöcke, die Hände hoch über dem Kopf. Sie fuhren Tiefschnee, sahen tage-, wochenlang keine Torstangen (dies sehr zur Freude der Liftbetreiber), er ließ sie zum Ende jedes Trainings gemeinsam um die Wette ins Tal fahren – der früheste Vorläufer dessen, was heute als „Skiercross" boomt.

Trenkwalder trainierte seine Schüler erfüllt vom unerschütterlichsten Vertrauen in die eigenen Fähigkeiten.

Ob alles, was er tat, die Spinnerei eines Ahnungslosen sein könnte? Auf die Idee kam er nie. Zum Zweifeln hatte er keine Zeit. Im Gegenteil: „Ich habe mir eingebildet, wenn einer nach vier Jahren mit meinem Training nicht auf dem Podest steht, hat er kein Talent."

Trenkwalder predigte: Nur beim freien Fahren ist das Tor zum Unterbewusstsein offen, nur damit ist eine Selbstverständlichkeit im Skifahren zu erreichen. Nur beim freien Fahren verinnerlicht man jene Technik, die später zwischen den Stangen den Erfolg bringt. – Günther setzte die Trainingslehre aufs vorbildlichste um: Er teufelte durch Tiefschnee und Wald und baute Schanzen.

Die Selbstverständlichkeit des weiteren Verlaufs von Günthers Karriere blieb ungebrochen: 1976, bei seinem ersten internationalen Rennen, wurde er Dritter im Riesenslalom bei den Europameisterschaften der Schülerklasse 1, man fuhr in der Schweiz, wo die Kosten für Hotel sowie Essen und Trinken dermaßen hoch waren, dass die Eltern den Aufenthalt aus wirtschaftlichen Gründen verfrüht abbrechen mussten. (Auch deswegen, weil aus einer kleinen Feier der Medaille des Buben eine etwas ausgelassenere wurde, aber das kam damals öfter vor, die Maders und der Trenkwalder waren lustige Leut'.)

Draußen in der Welt war derweil die große Zeit des Franz Klammer angebrochen, und wer in Österreich nur im Entferntesten etwas mit Skifahren zu tun hatte, war in Klammer vernarrt.

1976 fanden in Innsbruck die Olympischen Spiele statt. Im öffentlichen Gedächtnis blieb Klammers Abfahrtsritt bewahrt, Günther erinnert sich am lebhaftesten an einen Besuch in der Axamer Lizum, gemeinsam mit dem Vater, beim Olympia-Slalom. Den gewann der Italiener Piero Gros vor Gustav Thöni und Paul Frommelt, und Gros beeindruckte den elfjährigen Günther Mader ganz enorm: Die langen Haare, das lässige Auftreten und das entschlossene Durcheinanderwerfen der Arme zwischen den Toren.

Noch ein Vorbild erwählte Günther in der Axamer Lizum: Ingemar Stenmark.

Gegen den sollte er dann selbst noch fahren, und sogar schon eher, als er dachte.

DURCH ALLE INSTANZEN

... und gegen sie.

Günthers Karriere als Einzelgänger begann schon als Zehnjähriger.

DIE BESTEN DES WIPPTALS
Günther in der Rolle des stolzen Eroberers des Wipptaler Meistertitels. Errungen wurde dieser in Gschnitz im Alter von zwölf Jahren.

„Wenn es zwei Möglichkeiten gegeben hat, dann haben wir uns für die schwierigere entschieden. Immer. Keine Ahnung warum. Es war uns der leichte Weg vielleicht einfach nicht sympathisch.“

Roman Mader, Vater

„Ein Ziel, das man leicht erreicht, ist nix wert.“

Robert Trenkwalder

Wir befinden uns im Tirol der mittleren Siebzigerjahre. Wer als Nachwuchs-Rennläufer Aussichten über die Tiroler Landesgrenzen hinaus haben wollte, dem stand dafür ein Sprungbrett zur Verfügung: die Skihauptschule Neustift. Eine stolze Einrichtung des Tiroler Skiverbandes, ein Leistungszentrum nach neuestem Stand der Wissenschaft.

Ganz Tirol sandte seine Besten nach Neustift.

Ganz Tirol?

Nein. Ein kleines, unbeugsames Dorf ...

Man muss dazu sagen: Wer in Tirol zu den Besten zählte, zählte auch in der Welt zu den Besten. Trainer und Dorfschullehrer Robert Trenkwalder, der nach einer Viertelstunde Schlaf erfrischt war für einen neuen Tag der Überwindung bestehender und der Erzeugung neuer Schwierigkeiten, fand das sehr nützlich. „Wir hatten das Glück, die Elite in Neustift als unmittelbaren Gradmesser zu haben. Mein Ziel war, dass meine Kinder das, was die Privilegierten dort in Neustift können, auch zusammenbringen.“

„Als die neue Hauptschule in Gries entstanden ist, war ich so vermessen zu sagen: Was die in der Skihauptschule in Neustift zusammenbringen, das bring' ich auch zusammen. Aber ganz alleine. Im Rahmen des normalen Unterrichts einer normalen Hauptschule. Ohne dass die Eltern Geld dafür zahlen müssen. Ohne dass die Kinder von daheim weg müssen.“

Und also begann Trenkwalder damit, es zusammenzubringen.

Mit der gewohnt unbeugsamen Entschlossenheit.

Wir dürfen daran erinnern, womit sich ein normaler Trenkwalder-Tag füllte: Er war hauptberuflich Volksschullehrer, und er war stolz drauf, dass es keine Stunde gab, in die er unvorbereitet gegangen wäre. Er war Obmann und Manager des Skiclubs von Gries am Brenner, und er war in diesen Funktionen ebenso ehrgeizig wie erfolgreich. Er war Cheftrainer des Skiclubs Gries am Brenner. Er präparierte die Rennski seiner Kinder. Er analysierte nächtelang und unter erheblichem Einsatz von Rotwein gemeinsam mit Günthers Vater die aktuell vorangegangenen und die nötigen kommenden Schritte der Karriere des Buben. Er verbrachte Nächte im Dorfwirtshaus, um die Grieser Pistenraupenfahrer davon zu überzeugen, dass das Niederwalzen der Torstangen des Skiclubs keine gute Idee sei. Er schrieb an einem eigenen Trainingsprogramm (von dem sich erhebliche Teile übrigens noch dreißig Jahre später im Einsatz befinden, nicht nur bei der österreichischen Ski-Nationalmannschaft). Und er stand kurz vor dem Abschluss seiner Ausbildung zum staatlich geprüften Skitrainer.

Robert Trenkwalder klagte damals also nicht oft über Langeweile.

Dass er nicht normal war, im Sinne von herkömmlich, das war ihm zumindest im Ansatz bewusst.

Die Art, in der Trenkwalder sein Hobby als Trainer ausübte, mag eine Episode veranschaulichen.

Es war natürlich so, dass Günther nicht bei allen Rennen großartige Leistungen vollbrachte. Rein skitechnisch waren einige Alterskollegen sogar begabter als er – der allseits als Wunderknabe geschätzte Trenkwalder Toni aus Pfaffenhofen oder Martin Hofmann, Günthers Grieser Freund mit dem nervösen Magen.

Günthers große Stärke war eine andere: Er hatte, wie es Trenkwalder ausdrückt, „schon als Kind einen Killerinstinkt im Rennen. Verblüffend, wie cool er geblieben ist, wie er sich konzentrieren konnte. Und vor allem, wie normal man mit ihm übers Rennen reden konnte. Man konnte schon mit dem kleinen Buben einen Lauf besichtigen – und er hat das, was wir ausgemacht haben, im Rennen umgesetzt, eins zu eins. Mit anderen Läufern hat man übers schöne Wetter reden müssen oder über das Kinderprogramm vom Vortag, weil sie so nervös waren.“ (Die Begabung zur hysterischen Nervosität, so Trenkwalder, zieht sich sogar hinauf bis in die führenden Herren-Nationalmannschaften der Welt, auch zu Beginn des dritten Jahrtausends noch; man spricht dort aber zur Ablenkung nicht mehr über das Kinderprogramm des Vortags.)

Günther war nicht, besser: noch nicht, wir befinden uns in der dritten, vierten Schulstufe, er war also nicht der beste Skifahrer der Umgebung, aber er war der beste Rennläufer. Trenkwalder beobachtete, notierte, analysierte (der Vater half dabei, die Mutter brachte den Wein) und fand dann zum Beispiel heraus:

Der Rechtsschwung ist nicht gut genug.

Was tun? Denn nur den Rechtsschwung zu trainieren, das dazugehörige Programm war nicht einmal Trenkwalder eingefallen.

Aber es fiel ihm was anderes ein: Er ließ Günther wochenlang keine Stangen fahren. Nur frei. Und in einer Art Diagonale den Hang hinunter.

Bis der Rechtsschwung so flüssig, präzise und selbstverständlich wie der Linksschwung saß.

Und bis die Pistenraupenfahrer von Gries glaubten, der Narrische habe endlich klein beigegeben, er lasse seine Kinder jetzt nur mehr Hangquerungen üben.

Günthers großer Stolz war eine bärige rote Jethose nach nicht mehr allerneuester Mode. Auch die teuren

GÜNTHER MUSSTE SO LANGE FREI FAHREN, BIS DIE PISTENRAUPENFAHRER IN GRIES GLAUBTEN, DER NARRISCHE HABE ENDLICH KLEIN BEIGEGEBEN

ledernen Skischuhe der Marke Strolz wurden nicht neu, sondern übertragen gekauft.

Auch wenn das Geld, das der Vater mit dem Nebenjob an der Tankstelle verdiente, abzugsfrei in die Finanzierung der Skikarriere floss: Es war nicht genug Geld da.

Die Eltern hätten damals trotzdem Gelegenheit gehabt, einen günstigen Baugrund in St. Jodok zu erwerben. Das bisschen Ersparte hätte für die Anzahlung gereicht, der Erlös aus dem Verkauf der Eigentumswohnung hätte den Beginn eines Hausbaus ermöglicht.

Im erwachsenen Teil der Familie Mader gab es zwei Standpunkte zum Thema Grundkauf: Die Mutter war dafür, der Vater (heftig unterstützt durch das mittlerweile assoziierte Familienmitglied Trenkwalder) dagegen. Die Entscheidung wurde auf demokratische Weise herbeigeführt: Mit den Stimmen des Vaters, des Volksschullehrers, des Skiclubtrainers, des Skiclub-Obmanns sowie des Skiclub-Managers und des Skiclub-Schriftführers wurde der Antrag auf Erwerb eines Baugrunds in St. Jodok am Brenner abgelehnt. Das Geld, so die Meinung der überwältigenden Mehrheit der Stimmberechtigten, sei in die Skikarriere eines er vordersten Ski-Talente des Wipptals besser investiert.

Die Mutter seufzte und willigte in eine Entscheidung ein, die objektiv betrachtet verrückt war.

Und weil Kinder keinen Anstand haben, bestand Günther bald darauf auf neuen Skischuhen. Denn es gab von der Firma Dachstein die ersten Plastikmodelle

DAHOAM IS DAHOAM

Am Sattelberg in Gries konnte man damals noch über Hütten springen, weil an Schnee alles andere als Mangel war (Bild oben). Mitte: In Steinach wurde vom neunjährigen Günther der Wipptaler Meistertitel erobert. Unten: the one and only Racing Team Gries am Brenner, Saison 1974/75.

auf dem Markt, und die musste man besitzen, wie man als Volksschüler und Skitalent manchmal etwas besitzen muss.

Also fuhr der Vater mit dem Sohn nach Innsbruck ins erste Sporthaus am Platz und verlangte nach modernen Plastik-Skischuhen in der kleinsten Kindergröße. Der Verkäufer brachte Schuhe, die abenteuerlich grell aussahen, abenteuerlich hoch geschnitten waren (dem Buben bis beinahe in die Kniekehle hinaufreichten), abenteuerlich teuer waren und um mindestens eine Nummer zu groß.

Günther, vielleicht neunjährig damals und zart gewachsen, schlüpfte in die Dinger, setzte einen für sein Alter ziemlich erwachsenen Kennerblick auf, nickte, brummte etwas wie „Superschuach", dachte, dass man mit zwei oder drei Paar dicker Socken eventuell Halt finden könnte in den riesigen Plastikgruften, in denen sich seine Füße vorkamen wie Schlägel in einer Glocke und sagte: „Passt super."

Dann zahlte der Vater 2000 Schilling für ein hoffnungslos zu großes Paar Skischuhe, die sich der Sohn eingebildet hatte. 2000 Schilling, das war damals das Drittel eines Monatsgehalts eines Gendarmen. Der Bub sah, dass dem Vater das Geld alles andere als leicht aus der Brieftasche ging und focht einen kurzen inneren Kampf.

Die Verlockungen der modernen Skischuhindustrie obsiegten, der Bub schwieg.

Wenigstens war das Schicksal gerecht genug, den Buben für seine Missetat schlimm zu bestrafen.

Denn da der tägliche Weg zum Training zwei Kilometer lang war und zu Fuß zurückgelegt werden musste, litt Günther einen Winter lang sehr unter jedem einzelnen der vielen, vielen Schritte auf dem Asphalt am Rande der Bundesstraße. Aber er litt mannhaft und mit zugekniffenem Mund in den Skischuhen der ersten Kunststoffgeneration, die keinen Innenschuh hatten, bis in die Kniekehle hinaufreichten, keinen Millimeter nach vorne nachgaben und, wenn man statt der Landstraße Ski unter ihnen hatte, insgesamt absolut unfahrbar waren.

Als Günther einmal beim Heimweg vom Herumtollen im Wald im Anschluss ans Vereinstraining so müde war, dass er die zwei Kilometer partout nicht gehen wollte (und die Skier geschultert; es waren Geräte aus der Manufaktur Kneissl, die damals nicht bekannt waren für ihr geringes Gewicht), da schnallte er eben dieses eine Mal kurzerhand die Ski an und fuhr im Schneematsch neben der Bundesstraße nach Hause, und wenn hin und wieder ein Steinchen unter den Laufflächen knirschte, hörte er weg.

Robert Trenkwalder kam zufällig mit dem Auto vorbei. Bremste abrupt, stieg aus, hob grimmig die Faust, ließ das allerheiligste Donnerwetter niedergehen und belegte den Buben mit der schlimmsten Strafe, die ihm einfiel: Trainingsverbot. Eine ganze Woche lang. „Solange deine Eltern Tag und Nacht arbeiten, damit du Skifahren gehen kannst, wirst du nie wieder mit den Skiern über die Straße fahren. Das sollst dir merken dein Leben lang, undankbarer Bursch. Hörst du: nie wieder!"

Günther hat's dann wirklich nie wieder getan, übrigens auch später nicht, als die Eltern nicht mehr arbeiten mussten und als man ihm die Ski nach Wunsch im Dutzend vorbeischickte.

Es gibt Dinge, die bleiben einem fürs Leben.

Günther war in der Volksschule der Kleinste seiner Klasse gewesen, erst später sollte er wachsen, mit zwölf, 13 Jahren und in einer Saison alles abhaken, was eine Skikarriere in diesem Alter wirkungsvoll torpedieren kann; sämtliche Eigenwilligkeiten der Pubertät machte er in einem Jahr durch, das Wachstum um gut zwei Dutzend Zentimeter, das bockige Aufbegehren gegen jedwede Art der Autorität (wobei Robert Trenkwalder als Reibebaum prächtig funktionierte, wie man sich vorstellen kann) – er fuhr also, kurz gesagt, eine Saison lang grottenschlecht Ski.

Wenn er startete, fiel er aus.

Wenn er nicht ausfiel, fuhr er hintennach.

Im Nachhinein betrachtet ist es eine Episode. Aber aus aktueller Sicht war es eine ziemlich beängstigende Entwicklung – denn alle Investitionen der vielen Jahre schienen gefährdet: der Verzicht der Familie auf den Baugrund, der keineswegs kommode Zweitjob des Vaters an der Tankstelle, die abenteuerlichen Aufwände des Robert Trenkwalder.

Was taten die Eltern, als ihr Bub plötzlich ein Jahr lang keinen graden Schwung zusammenbrachte? Sie blieben wachsam, geduldig, hielten sich zurück und sagten: Was ändert's, wenn jetzt wir auch noch durchdrehen?

Günther Maders Pubertät dauerte genau ein halbes Jahr, genau die Saison 1978/79. Dann war's überstanden. Zum Glück. Sonst wäre die Karriere wohl zu Ende gewesen, bevor sie richtig begonnen hatte.

Es wäre nicht die einzige österreichische Ski-Karriere gewesen, die daran scheitert, dass in Österreich mehr junge Leute in den Rennsport drängen als in jedem anderen Land der Erde. Und dass schon die Landesverbände zu einer Selektion gezwungen sind, härter und früher als irgendwo sonst auf der Welt: Ab der Schülerklasse ist fast jedes Rennen ein Ausscheidungs-, Selektions-, Qualifikationsrennen. Schon bei Bezirkscups, Landescups kämpfen 60, 70, 80 Kinder verbissen um die besten Plätze – und alle, die dort dabei sind, haben sich auf unteren Ebenen bereits gegen viele, viele andere durchgesetzt, die auch ernsthaft trainieren.

Jene Kinder, die sich durchsetzen, erwerben nur die Chance, sich mit anderen zu messen – gegen noch Bessere um die noch weniger werdenden Plätze in der nächsthöheren Etage anzutreten.

Die Realität des österreichischen Jugend-Rennlaufs war damals in den Siebzigerjahren ebenso hart wie heute – und wie sie immer ist, wenn es für wenige Plätze viele Anwärter gibt. Die Struktur des österreichischen Skirennsports ist wie das Kinderspiel „Die Reise nach Jerusalem" – mit vielleicht einem Dutzend Plätze für Tausende von Anwärtern.

Es war kein böser Wille nötig, um den Griesern rund um ihren eigenwilligen Trainer die Arbeit schwieriger zu machen, als sie ohnehin war. Die natur-

gemäßen Widerstände der Skihauptschule in Neustift und des Tiroler Skiverbandes, das Immunsystem der organisierten Nachwuchsarbeit gegen den Alleingang der unbeugsamen Grieser reichte völlig. Die Verantwortlichen der Neustifter Hauptschule wollten für ihre Schützlinge das Beste herausholen, Robert Trenkwalder für seine Schützlinge.

Eine völlig logische Sache also.

Nur: Wo Entscheidungen getroffen werden müssen, ist immer auch Politik. Wo Politik ist, sind Möglichkeiten, Einfluss zu nehmen. Und wo Möglichkeiten zum Einfluss sind, werden sie genützt …

Ein Nebeneinander von Gries und Neustift, Günthers Karriere parallel zum etablierten System weiter zu entwickeln, diese Möglichkeit gab es nicht bei dieser „Reise nach Jerusalem": Den Alleingang ganz konsequent fortzusetzen, war für Günthers Eltern nicht mehr möglich. Denn die finanzielle Last einer Skikarriere wird mit den Jahren größer, nicht kleiner. Und einen der Plätze im Nachwuchs-Fördersystem des Verbandes zu besetzen bedeutete vor allem auch Geld – die dringend nötige Unterstützung vor allem bei Trainingskursen und Material.

Irgendwann in diesen Jahren nach der Volksschule fällt die Entscheidung, das Rennfahren als Beruf anzustreben.

In den nächsten Jahren werden keine Entscheidungen für junge, hoffnungsvolle Karrieren getroffen. Nur Entscheidungen *gegen* junge, hoffnungsvolle Kar-

POKALE, POKALE, POKALE …
Die Tiroler Meisterschaften in Lienz 1976 (Bild oben) sahen den Grieser ebenso voran wie immer mehr andere Rennen – Günther erweiterte seine Sammlung an Trophäen Wochenende für Wochenende.

rieren. Entschieden wird nur, wer aus dem Rennen ist, nicht wer im Rennen bleibt.

Wer zum Beispiel bei den so genannten ÖSV-Schülertestrennen nicht dabei ist, der ist so gut wie draußen. Die ÖSV-Schülertestrennen sind die erste und immens wichtige Möglichkeit für Talente, aufzuzeigen. Es war für Robert Trenkwalder also ein hohes Anliegen, Günther bei einem dieser Rennen zu sehen.

Qualifizieren musste sich Günther davor in Tirol. Gegen die Besten aus der Neustifter Skihauptschule.

Beim ersten Qualifikationsrennen im Dezember dominierten die Neustifter nach Belieben. Ein Triumph des Systems, „der Privilegierten", wie Robert Trenkwalder damals zu sagen pflegte. Sich geschlagen zu geben, das kam ihm aber nicht einmal entfernt in den Sinn. „Ich hab die Sache untersucht und analysiert. Und es war eigentlich völlig klar: Die Neustifter hatten im Herbst Gletschertage, wir nicht. Das erste Rennen war im Dezember. Es war also völlig logisch, dass die Neustifter einen Trainingsvorsprung haben – damals gab's ja noch lang keinen Kunstschnee."

Beim ersten ÖSV-Schülertestrennen in Oberösterreich belegte die Tiroler Abordnung die Plätze eins, zwei, drei und vier.

Als es dann später bei den Tiroler Meisterschaften darum ging, die glorreich heimgekehrten Neustift-Schüler zu fordern, war der Trainingsrückstand geschmolzen. „Zuschlagen werden wir wieder", sagten die Betreuer der Neustifter Kinder. „Dann nehmt's euch eine Tür mit morgen zum Rennen", sagte Trenkwalder, „damit's wenigstens irgendwas zum Zuschlagen habt's – weil zuschlagen wird morgen der kleine Mader!"

Beim zweiten ÖSV-Schülertestrennen in Fieberbrunn war Günther dann dabei. Fuhr zweimal aufs Podest. Und war damit in die Struktur des österreichischen Skisports eingeschleust, als Mitglied des Tiroler Jugendkaders.

Den Neustifter Eltern blieb immerhin die Tür.

Die Karriere konnte weitergehen.

In die Hauptschule nach Neustift zu wechseln, kam Günther auch später nicht in den Sinn, als sich Trenkwalder von der Schule karenzieren ließ und seinen ersten professionellen Job als Nachwuchs-Chef des ÖSV im nahen Innsbruck antrat. (Was nebenbei eine große Anerkennung und, ja, Genugtuung für den Einzelkämpfer war.)

Der Aufwand der Eltern blieb hoch, dennoch war Günthers Ausrüstung nicht immer am neuesten Stand: Als Günther als Hauptschüler zu seinem ersten Trainingskurs mit dem Tiroler Verband kam, war er der Einzige, der nicht mit Laufschuhen laufen ging, sondern mit halb kaputten Turnpatschen. Aber Außenseiter war er sowieso neben den Neustifter Schülern, die nicht nur die modernsten Skischuhe und glänzendsten Ski hatten, sondern auch Laufschuhe und Trainingsanzüge, die stolz mit den Worten „Ski-Hauptschule Neustift" beflockt waren.

Schule und Leistungssport zu verbinden, darauf war die Grieser Hauptschule nicht eingerichtet. Wenn

Samstag Rennen war, musste man davor zum Direktor gehen und einen freien Tag erbetteln. Und wenn man dann zurückkam vom Rennen oder von einem Trainingskurs mit dem Tiroler Jugendkader, von einer Trainingswoche am Hintertuxer Gletscher im Herbst, dann musste der Stoff nachgelernt werden.

Neben dem Training.

Neben einem Training, das Günther nicht nur bei den Nachwuchs-Betreuern des Tiroler Verbandes absolvierte, sondern auch mit Robert Trenkwalder. Und es geschah nicht nur einmal, dass er dem Buben die modernsten Errungenschaften der hoch angesehenen Tiroler Skischule mit den Worten „Was ham s' dir denn da für einen Blödsinn beigebracht" an einem Nachmittag wieder austrieb.

Und nicht nur das. Trenkwalder verzichtete darauf, seine Meinung über einige Trainingsergebnisse des Verbandes für sich zu behalten. Und er wählte für seine Kritik Worte, bei denen er nicht Gefahr lief, missverstanden zu werden. Das sollte dann auch so weitergehen, als Günther schon im Jugend-Kader des Österreichischen Skiverbandes stand, und man darf sich ausreimen, wie die Kapazunder des ÖSV erfreut waren, wenn ihnen da ein Heimtrainer ins Handwerk pfuschte.

Damals erfand Trenkwalder das Wort vom „Verhinderungstrainer", wie er sie nannte, „das ist eine weit verbreitete Spezies von Trainern. Die beschäftigen sich nicht damit, wie sie ihre Arbeit besser machen können, sondern damit, wie sie die Arbeit anderer Trainer schlecht machen können".

Während sich Günthers Karriere als Rennläufer trotz aller Beschwerlichkeiten unaufhaltsam weiter entwickelte, begann auch Robert Trenkwalders Karriere als Trainer außerhalb von Gries nicht nur Wirkung, sondern auch Anerkennung zu entfalten. 1976 ließ er sich in der Schule karenzieren und übernahm das Amt des Nachwuchs-Chefs beim ÖSV, in einer Zeit, als die größten Talente Christian Orlainsky, Erwin Resch, Robert Zoller oder Roswitha Steiner hießen.

Die kommenden Jahre verbrachten Günther Mader und Robert Trenkwalder ein bisschen wie in einer außerehelichen Beziehung: Sie gingen ihren Pflichten nach – Günther als Tiroler Jugendkaderläufer, Trenkwalder als Nachwuchs-Chefs beim ÖSV –, und danach trafen sie sich mehr oder weniger heimlich, um gemeinsam zu trainieren.

Unter Trenkwalders ÖSV-Fittiche schaffte es Günther nicht, was aber nicht an ihm lag; Trenkwalder

„NEHMT'S EUCH MORGEN EINE TÜR MIT, DAMIT IHR WAS ZUM ZUSCHLAGEN HABT'S, DENN ZUSCHLAGEN WIRD DER KLEINE MADER!"

hatte sich in den Landesverbänden durch seine Einberufungskriterien wirkungsvoll unbeliebt gemacht, zum Beispiel hatte er bei den Österreichischen Jugend-Meisterschaften statt einiger etablierter Nachwuchs-Stars den Letztplatzierten für förderungswillig erachtet, einen gewissen Hubert Strolz.

Das war unerhört und Trenkwalder daher nicht mehr für die ÖSV-Jugendkader zuständig, als Günther in den ÖSV-Jugendkader vorstieß.

1979 kehrte Trenkwalder aus der weiten Welt des Skisports nach Gries zurück, wurde Schuldirektor, stellte eine neue Trainingsgruppe aus Sechsjährigen zusammen, kümmerte sich um die weitere Entwicklung des Skiclubs Gries am Brenner und hatte wieder ein wenig mehr Zeit, um mit dem bereits 15-jährigen Günther zu trainieren.

Stams, die Ski-Handelsschule, war kein besonders glückliches Kapitel in Günthers junger Karriere. Er fühlte sich dort nicht wohl, war – abgesehen von Sigrid Wolf und Lisi Kirchler – der einzige Skirennläufer in der Klasse, und das Verständnis der Lehrer für die Notwendigkeiten des Rennfahrens war so, dass man damit rechnen konnte, nach der Rückkehr von einem Rennen oder einem Trainingskurs mit einem Satz begrüßt zu werden, der die Worte „Prüfung" und „morgen", in gnädigen Fällen „übermorgen" enthielt.

Doch während die schulische Laufbahn ein wenig lahmte, verbesserten sich Günthers Leistungen auf der Rennstrecke sprunghaft: 1982 wurde er Junioren-Weltmeister im Riesentorlauf, schon im Jahr davor hatte er bei den Junioren-Europameisterschaften 81 im jugoslawischen Skofja Loka Silber geholt. Das jedoch auf bemerkenswerte Weise, nämlich beim zweiten Start, nachdem das erste Rennen abgebrochen hatte werden müssen. Denn Robert Trenkwalder, als Privatbetreuer vor Ort, hatte eine Torstange entfernt.

DASS GÜNTHER SILBER BEI DER JUNIOREN-EM HOLTE, LAG DARAN, DASS ROBERT TRENKWALDER EINE TORSTANGE ENTFÜHRTE

Trenkwalder handelte zwar unkonventionell, aber nicht unberechtigt: Nach der Besichtigung des Laufes wurde ein Tor komplett umgesteckt; von den 15 Läufern der ersten Gruppe flogen acht verdutzt raus, darunter Günther, der die Stelle besonders akribisch besichtigt hatte. Trenkwalder protestierte wild, aber unerhört. Und da er wusste, dass sein offizieller Protest keine Chance mehr haben würde, wenn alle Läufer des ersten Durchgangs gestartet waren, entführte er einfach vor der Fahrt des vorletzten Läufers eine Torstange und erzwang dadurch Abbruch und Neustart. Dass zum Zeitpunkt der Torstangen-Entführung ein Österreicher führte, stärkte die Liebe des ÖSV-Offiziellen zu Trenkwalder nicht unbedingt. Dem war das aber egal: Sein Schützling bekam eine – berechtigte – zweite Chance und nützte sie: Silber.

Ein Jahr später, 1982, als Günther im französischen Auron Gold bei den erstmals ausgetragenen Junioren-Weltmeisterschaften holte, war keine Intervention nötig – es hätte wohl auch bei entsprechendem Bedarf keine gegeben, denn Trenkwalder war nicht dabei.

In den Ruf des Wahnsinnigen, den sich Trenkwalder über die Jahre erarbeitet hatte, hatten sich mittlerweile feinere Zwischentöne gemischt: Er galt manchen bereits als besonders schlauer, extrem talentierter Trainer mit herausragender Einsatzbereitschaft. Zum Beispiel der damalige Präsident des Tiroler Skiverbands, Andreas Steiner, war so einer.

Steiner stand 1981 unter ziemlich massivem Druck: Bei den Österreichischen Meisterschaften blieb das Gastgeberland Tirol ohne Titel, was natürlich unerhört war. Steiner musste handeln, und er handelte: Er überzeugte die Landesregierung von der Notwendigkeit eines hauptamtlichen Sportwarts – wir befinden uns, zur Erinnerung, im Jahr 1981! – und berief Robert Trenkwalder in diese Funktion. Und stattete ihn mit allen Freiheiten aus.

Acht Jahre lang sollte Trenkwalder in Tirol bleiben und dort, wie er heute noch sagt, „meine schönste Zeit als Trainer“ verbringen. Mit seinem Trainer-Team rund um die Skilegende Hias Leitner fühlte sich Trenkwalder erstmals von anderen verstanden, „das waren lauter Leute, die 24 Stunden ein Herz haben“, sagt er. Trenkwalder war derjenige, der das auch überprüfte, ob jemand wirklich 24 Stunden ein Herz hatte. Denn mit einem 18-Stunden-Herz für den Skisport hatte man in seinem Team keine Chance.

Die Nachricht aus Auron vom Titel des Buben erreichte Trenkwalder in Gries, als er Rennleiter bei einem FIS-Rennen des mittlerweile erblühenden Skiclubs war. Abends bei der Siegerehrung war eine gute Gelegenheit, die Nachricht aus Auron zu begießen.

Trenkwalder nützte die Gelegenheit zu feiern nicht nur der Goldmedaille wegen, sondern wegen eines fünften Platzes, den Günther davor in der Abfahrt in Auron erreicht hatte. In der ersten Abfahrt seines Lebens. Die aerodynamisch günstige Hocke hatten Günther und Trenkwalder im Wohnzimmer der Familie Mader vor dem Spiegel erarbeitet, was selbst für damalige Verhältnisse nicht der neueste Stand der aerodynamischen Wissenschaft war.

„Ob einer Erster wird oder Dritter ein Zehntel hinten“, sagt Trenkwalder zwanzig Jahre später, „das war mir schon damals ziemlich egal. Aber dass er von Null auf fünf fährt in der Abfahrt, das war eine Sensation. Das hat mir gezeigt, wie vielseitig der Bub vorbereitet ist. Dass er nämlich wirklich Skifahren gelernt hat, wirklich.“

HART AN DER SPITZE

Von Stenmark bis Zurbriggen. Wie ein Milupakind um den Gesamt-Weltcup kämpfte. Wie ein Stretching-Programm eine Karriere rettete. Was der Schweizer und der Luxemburger Skiverband besser machten als der österreichische. Günther Maders Erinnerungen an die achtziger Jahre.

DIE ERSTE WM: BORMIO 1985
Günther kurvt in der WM-Kombination von Bormio zu einem wackeren achten Platz – die Weichen in die Allrounder-Karriere sind gestellt ...

JUGEND, LETZTE ZWISCHENZEIT
„Da Wüde" mit seiner Maschin' in der Berufsschule, bei einem klassischen Einfädler (als Junioren-Weltmeister) und mit dem ehrgeizigen Trainer Robert Trenkwalder, hier mit einwandfreier Frisur, Sonnenbrille und Skibanane.

Damals, in meiner frühen Weltcup-Zeit Anfang der Achtzigerjahre, war Österreich ein Land der Abfahrer. In den elf Saisonen von 1975 bis 1986 gewann der ÖSV achtmal den Abfahrts-Weltcup (fünfmal davon Franz Klammer).

Dass sie sonst nichts gewannen, war ziemlich egal.

Die Anstrengungen, daran etwas zu ändern, waren bescheiden.

Ich erinnere mich an eine Episode, vielleicht war's sogar noch 1982: Die Abfahrer hatten längst professionelles Equipment fürs Videostudium des Trainings, wir Techniker mussten monatelang mit einer kaputten Kamera auskommen. Wir haben Robert Zoller gebeten, er war damals der beste ÖSV-Slalomfahrer, zum großen Cheftrainer Charly Kahr zu gehen wegen einer neuen Kamera; die alte war wirklich schon schrottreif.

Robert ist ziemlich geknickt zurückgekommen: „Der Kahr hat gesagt, wir Milupakinder sollen zuerst ein Rennen gewinnen, dann kriegen wir eine Kamera."

1982/83 war nicht nur ich neu im Weltcup, sondern auch – was ein wenig mehr Aufsehen erregte – eine neue Disziplin: der Super-G; eine Mischung aus Riesentorlauf und Abfahrt, eingeführt, um auch Abfahrern Chancen auf den Gesamt-Weltcup zu geben. Seit Karl Schranz 1970 hatte ja kein Gesamt-Weltcup-Sieger auch den Abfahrts-Weltcup gewonnen, in den Jahren davor mit Phil Mahre, Andreas Wenzel, Peter Lüscher und Ingemar Stenmark keine ausgesprochenen Abfahrtsspezialisten.

Ebenso wie ich als Newcomer im Dezember 82 noch keine wirklich ausgeglichenen Leistungen erbrachte, wusste man auch vom Super-G nie, was er bringen würde. Je nachdem ob ein Riesenslalom- oder ein Abfahrtstrainer den Kurs steckte, war es ein etwas flotterer Riesenslalom oder eine etwas kurvigere Abfahrt. Es ist auch zwanzig Jahre später leicht herauszufinden, ob ein Technik- oder ein Abfahrtstrainer den Kurs gesteckt hat – die Ergebnislisten verraten es.

Wie der erste Super-G der Geschichte im Dezember 82 in Val d'Isere gesteckt war, macht ein Blick auf den Siegernamen deutlich: „Pitsch" Peter Müller aus der Schweiz. Er siegte vor Peter Lüscher aus der Schweiz, Pirmin Zurbriggen aus der Schweiz, Franz Heinzer aus der Schweiz und Thomas Bürgler aus der Schweiz.

Sechster: Hans Enn.

Nicht in der Ergebnisliste findet man den Namen Günther Mader.

Viel hätte aber nicht gefehlt, und er wäre zu finden gewesen, sogar ganz vorne. Ich hätte den Schweizern ihren Feiertag um ein Haar ordentlich vermasselt. Bei der Zwischenzeit war ich sogar Schnellster – aber in der Kompression bog ich nach rechts ab statt nach links; statt durchs nächste Tor durch ein Rudel Fotografen.

Passiert ist gottlob nichts. Außer dass ich mich wunderte, als Slalom- und Riesenslalomspezialist bei einer Quasi-Abfahrt mitfahren zu können.

Eigentlich war dieser 12. Dezember 1982 damit auch der Startschuss zu meiner Abfahrts-Karriere, eine Art frühes Schlüsselerlebnis: Aha, dachte ich mir, ich kann auch in den schnellen Disziplinen schnell sein.

Zehn Tage später in Madonna war ich Siebenter. Es war wieder ein Super-G, der Technikern nicht wirklich entgegenkam: Sieger war „Much" Michael Mair, der Zwei-Meter-hundert-Kilo-Abfahrer aus Südtirol.

Meine internationale Karriere begann, ein paar andere Karrieren waren grad im Auslaufen – allerdings sehr erfolgreich: Phil Mahre gewann in diesem Jahr zum letzten Mal den Riesentorlauf- und den Gesamt-Weltcup, Ingemar Stenmark zum achten und letzten Mal jenen im Slalom. Das alles war für die österreichische Ski-Welt freilich relativ unbedeutend – denn Franz Klammer holte viel umjubelt den Abfahrts-Weltcup-Sieg, auch er zum letzten Mal.

Schnuppern in den Weltcup hatte ich schon in der Saison davor dürfen, 1981/82, in der Saison, in der ich Junioren-Weltmeister im Riesenslalom wurde. Gemeinsam mit mir kam damals Guido Hinterseer in den Weltcup. Unsere Karrieren waren seit dem legendären Kinderrennen in Mayrhofen quasi im Parallelschwung verlaufen, Guido hatte sich gegen die Tennis- und für die Ski-Karriere entschieden. Zu Beginn unserer Weltcup-Zeit war Guido eigentlich der Bessere. Erst später sollte er seine Karriere beenden – viel zu früh ...

Für die ersten Weltcup-Auftritte hatten sich Guido und ich nicht die leichtesten Strecken ausgesucht: Auf die Premiere auf einem der wildesten Riesentorlauf-Hänge der Welt in Adelboden folgten Auftritte im tschechoslowakischen Jasna (wo es mir während des Laufs den Ski an einem Eisklumpen zerrissen hat) und Kirchberg in Tirol, natürlich alles mit Startnummern aus der Kategorie 60+. Kirchberg war ein extremer Riesenslalom, wahnsinnig lang, mit Laufzeiten von über einer Minute 30 – für die Besten. Wir Nachzügler waren zweieinhalb Ewigkeiten länger unterwegs mit unseren blauen Oberschenkeln.

In Kirchberg am 9. Februar 1982 war das erste Mal Robi Trenkwalder bei einem Weltcup-Rennen von mir dabei – prompt kam ich das erste Mal durch.

Robi stand im Ziel. Und während ich erleichtert war, heil unten zu sein, während ich versuchte, wieder zu ein bisschen Luft zu kommen und während langsam das Leben in meine blauen Oberschenkel zurückkehrte, schaute er zuerst auf Stenmarks Siegerzeit, dann auf meine Zeit, dann mir ins Gesicht und sagte: „Günther, da haben wir noch viel, viel Arbeit vor uns."

Der Sprung von den FIS-Rennen über den Europacup in den Weltcup war mir in Rekordzeit gelungen. Jetzt, am Sprung zu den Etablierten, stockte es aber. Ob's daran lag, dass Robi beim Tiroler Skiverband als Sportdirektor viel zu tun hatte und wir nicht so oft gemeinsam trainieren konnten, oder ob's daran lag, dass in jeder Karriere das Verteidigen der ersten Erfolge schwerer fällt als das Erreichen – egal.

Es kam dann zu einer ausgesucht blöden Zeit die erste Verletzung meiner Karriere dazu: Im Herbst 1984 beleidigte ich das Sprunggelenk im rechten Fuß ziemlich schlimm – ausgerechnet vor der ersten Saison, in der mit den neuen, revolutionären Kippstangen gefahren wurde. Und ausgerechnet vor der ersten Saison, in der ich Chancen auf eine WM-Teilnahme hatte.

Im Riesenslalom gehörte ich bereits zu den allerbesten Österreichern, wäre ich für Bormio locker qua-

FRÜHE WEGGEFÄHRTEN

Links oben: Hans Enn, damals Österreichs Nummer 1 im RTL. Rechts oben: Günther Mader mit Hans Pum, Leo Stock, Dieter Bartsch, Jimmy Steiner. Links unten: Guido Hinterseer, Maders erster Zimmerkollege. Rechts unten: der große Ingemar Stenmark.

lifiziert gewesen. Aber das Problem hatte einen Namen: „Kontingent“. Mit acht oder zehn Läufern alle Bewerbe zu besetzen, das ließ einem Spezialisten (außer er war Abfahrts-Spezialist) keinen Platz. Also sagte der große Charly Kahr zu mir, als ich nach Jahreswechsel endlich wieder in den Zirkus zurückkehren konnte: „Wennst in Garmisch nicht Kombi fahrst, bleibst daheim.“

Kombination zu fahren, das hieß zuerst, an der Abfahrt teilnehmen zu dürfen. Und so fand sich Günther Mader, das Milupakind – wie Charly Kahr alle Rennfahrer nannte, die nicht Abfahrer waren –, in Garmisch plötzlich in der Abfahrts-Qualifikation wieder. Gegen Hans Enn. Irgendwie schaffte ich mit einem nach der langen Verletzungspause ziemlich mulmigen Gefühl im Bauch die Qualifikation, startete in der Abfahrt und damit auch in der Qualifikation – das war das hart verdiente Ticket für Bormio 1985, für meine erste WM.

Dort passierte etwas, das sich später noch ein paar Mal wiederholen sollte: Für Robi Trenkwalder war „leider“ kein Platz im Hotel. Er hat sich auf eigene Faust ins Auto gesetzt, ist runtergefahren, hat sich ein Zimmer gecheckt, eine Akkreditierung – und war doch dabei.

Auch wenn außer einem achten Platz in der Kombi nichts Zählbares rauskam: Immerhin war der Günther Mader aus Gries am Brenner nun WM-Teilnehmer. Und das Milupakind war noch nicht einmal 21, also war da noch viel, viel Zeit zum Erwachsenwerden.

Die WM in Bormio war der Abschied von der Ära Kahr – ein schmerzlicher Abschied für den „Downhill-Charly“, das ÖSV-Team blieb ohne Abfahrts-Medaille, Jimmy Steiner wurde als bester Österreicher Achter. Ein schwacher Trost, dass mit Heli Höflehner und Peter Wirnsberger zwei astreine Abfahrer als einzige Österreicher in den Top Ten des Gesamt-Weltcups landeten: Sie belegten die bescheidenen Plätze neun und zehn.

Charlys Nachfolger wurde Dieter Bartsch, der vorherige Cheftrainer der Schweizer Damen. Hans Pum, ein charmanter Feschak, wurde Chef der Slalom/Riesenslalom-Herren. Den Hans kannte ich schon: Er war Europacup-Trainer beim ÖSV gewesen, und meine „Ausritte“ zum Privattraining mit dem Robi Trenkwalder hatten ihm nie besonders getaugt …

ICH GLAUBE SOGAR, DER „SELEKTIONSKADER“ HAT GUIDOS KARRIERE ZERSTÖRT

Erste Maßnahme der neuen sportlichen ÖSV-Spitze: Gründung eines so genannten „Selektionskaders“, einer Art Auffangbecken für Gestrauchelte – oder für das, was man für gestrauchelt hielt. Mit dabei unter anderen: Routinier Leo Stock, zu meiner Überraschung Guido Hinterseer und – ich. Ich fiel aus allen Wolken. Nach einer verletzungsmäßig halbierten Saison, in der ich mich noch für die WM qualifiziert hatte, mit einem vierten Slalom-Platz in Schladming im ersten Rennen nach der Verletzung aufgezeigt hatte, war ich plötzlich zu schwach fürs Nationalteam? In der Super-G-Weltrangliste stand ich in den Top 15, im Riesenslalom Top 20 – das war damals in Österreich alles andere als eine Selbstverständlichkeit. Dennoch: ab in den „Selektionskader". Noch schlimmer war die Degradierung für Guidos Karriere; ich glaube sogar, sie war der entscheidende Knick.

Der „Selektionskader" war eine wild zusammengewürfelte Sache: Leo Stock, der Abfahrts-Olympiasieger 1980, als einer aus der alten Abfahrer-Schule, dazu Guido und ich als junge Techniker – eine kreative Mischung. Gebracht hat's vor allem Leo etwas: Er hat mit uns viel Riesenslalom trainiert, hat auf unser Anraten den Schuh gewechselt – und hat seine Technik merklich verbessert.

Auch ich hatte 1985/86 meine bislang beste Saison – sei es die hervorragende Arbeit im „Selektionskader", sei es die Tatsache, dass ich im Herbst nicht verletzt war, im Gegensatz zum Vorjahr. Bis Kitzbühel holte ich vier Top-Ten-Plätze im Slalom – besonders bemerkenswert, weil sich die FIS eine interessante Girlande am Reglement hatte einfallen lassen: Nur die ersten Läufe zählten für die FIS-Weltrangliste, und da war ich mit Nummern um 50 oder 60 naturgemäß heftig im Nachteil. Der zweite Lauf war für die Galerie, nicht für die Weltrangliste – schade, auch wenn Laufbestzeit in Kitzbühel im zweiten doch eine feine Sache war. Ich machte als Slalom-Hoffnung immerhin auf mich aufmerksam.

Auch mein erster Weltcup-Sieg gelang bald: Am 21. Februar 1986 holte ich die Lauberhorn-Kombination, die wetterbedingt aus dem Slalom in Wengen und der Abfahrt in Aare zusammengebastelt wurde.

Zwei Wochen später, am 3. März 1986, schrieb Heinz Prüller in der „Kronenzeitung" (der Stil schon

„DOWNHILL-CHARLY" KAHR
Alles, was nicht Abfahrt war, war für den Charly Nebensache. Und wenn die Slalom-Nationalmannschaft eine Videokamera fürs Training wollte, schickte er sie heim mit den Worten: „Schaut's zuerst einmal, dass ihr ein Rennen gewinnts, Milupakinder!"

damals unverkennbar): „Danke, Günther – ein neuer Skistar ist geboren!"

Wofür sich der Heinz so nett bedankte, war der erste österreichische Sieg in einem Weltcup-Slalom seit Robert Zoller in Vail 1983 – in Geilo in Norwegen siegte ich vor Paul Frommelt und Rok Petrovic, dem besten Slalomfahrer des Jahres.

Wer am Saisonende 1985/86 genau schaute, fand auf Platz zehn der Weltcup-Gesamtwertung den Namen Günther Mader. Ein noch nicht einmal 22-Jähriger, der seine ersten Weltcup-Siege in der Kombi und im Slalom hinter sich hatte, beim Super-G in Morzine nur knapp am Stockerl vorbeigefahren war, der kaltschnäuzig in die Abfahrten ging: Das roch ziemlich verdächtig nach österreichischem Angriff auf den Gesamt-Weltcup. Den sich übrigens in diesem Jahr Marc Girardelli holte vor Pirmin Zurbriggen und Markus Wasmeier.

Die Saison 1986/87 ist leider schnell erzählt. Aber das zweite Jahr nach der „Geburt" eines Skistars ist, wie ich erfahren musste, nicht zu Unrecht ein berüchtigtes. Bis zur WM in Crans Montana in der Schweiz lief eigentlich überhaupt nichts; ein vierter Slalom-Platz in Kranjska Gora als bestes Resultat, das sagt alles. Auch wenn man in WM-Saisonen das Training natürlich so steuert, dass man erst im Februar zur besten Form aufläuft – wenn monatelang gar nichts geht, tut das auch der Moral nicht gut.

Dann Crans Montana: die kurioseste Großveranstaltung, die ich jemals erlebt habe. Sie ging als „Wunderwachs-WM" in die Geschichte ein – und was von außen vielleicht komisch gewirkt haben mag, war innerhalb der Mannschaft alles andere als lustig. Ich erinnere mich an ein Abendessen, bei dem Cheftrainer Dieter Bartsch zusammengebrochen ist und vor versammelter Mannschaft einen schrecklichen Heulkrampf gekriegt hat – „sie wollen mich alle fertig machen", hat er geheult. Offenbar war es ihnen gelungen …

Es gibt ja viele Dinge, die man zwei Tage vor einem großen Rennen nicht braucht – und eines, das man ganz besonders nicht braucht: einen Cheftrainer, der beim Abendessen heult wie ein Schlosshund.

Die Zeitungen waren von der „Wunderwachs"-Story begeistert – die Schweizer hatten ihren Spaß, und die Österreicher hatten einen Grund, auf den armen Bartsch zu schießen. Sie taten das aus allen Rohren. Noch dazu nach einem Abfahrts-Debakel zu Beginn der WM, das sich gewaschen hatte: Leo Stock war als Achter bester ÖSV-Läufer, Helmut Höflehner wurde 14., die Schweizer bejubelten einen Vierfach-Sieg durch Müller, Zurbriggen, Alpiger und Heinzer.

Auch mir ging's in diesen Tagen nicht gut. Nicht nur wegen der miesen Stimmung in der Mannschaft. Ich war verunsichert durch die schlechten Leistungen und vor allem durch die vielen Ausfälle im Slalom, meiner damals – eigentlich – stärksten Disziplin.

Die Situation spitzte sich sogar zu: Rudi Nierlich, Dietmar Köhlbichler, Mathias Berthold und ich waren vorgesehene Slalom-Starter. Wackeligster Kandidat im Quartett: ich. Schärfster Herausforderer: Berni Gstrein. Mein bester Freund im Skizirkus, mein Zimmerkollege.

Die Situation wäre toll geeignet gewesen, die allgemein schlechte Stimmung in unser Zimmer zu tragen. Aber wir einigten uns in einer Mischung aus Selbstschutz und dem Wissen, dass wir zwei Dinge voneinander trennen müssen, sozusagen stillschweigend auf Stillschweigen. Es war zwar ein komisches Gefühl, mit dem besten Freund über das Thema nicht zu reden, das einen die ganze Zeit bewegte (und zu wissen, dass es ihm genauso ging), aber das war wohl die einzige Möglichkeit, die wir hatten. Denn Spitzensportler sind ein bisschen wie Raubkatzen: Es gibt da einen Instinkt, der stärker ist (und sein muss) als alles andere. Es gibt ja auch keinen Löwen, der einem anderen eine Beute überlässt ...

streng verschärfte Ausgabe einer Kombi-Abfahrt. Vor allem war sie gespickt mit wilden Sprüngen. Und ich hatte mein letztes Abfahrtstraining vor ziemlich genau zwei Jahren absolviert, bei der WM in Bormio.

Wie ich die Abfahrt überstand, weiß ich heute nicht mehr genau: Es war irgendwas zwischen Augen zu und Kopf runter. Wie ich mich fühlte, als ich Bronze sicher hatte, daran aber kann ich mich erinnern: sehr erleichtert. Und: Ich hatte nach dem soliden Slalom und der guten Abfahrt das erste Erfolgserlebnis der Saison.

Ich war bereit für den WM-Slalom.

Nicht einmal der Super-G, in dem ich einen ordentlichen Stiefel zusammengefahren bin und auf Platz 13 landete, konnte mich da noch aus der Ruhe bringen.

DIE ZEITUNGEN WAREN VON DER „WUNDERWACHS"-STORY BEGEISTERT – UND ZERFLEISCHTEN DAS ÖSV-TEAM

Die Kombination. Zuerst wie üblich der Slalom. Und Berni setzte im Kampf um seine letzte Chance auf einen Slalom-Startplatz alles auf eine Karte. Riskierte wie wild, zog zwei Läufe vom Allerfeinsten runter. Und gewann den Kombi-Slalom satte zwei Sekunden vor dem Zweiten – mir. Ich fuhr im Gegensatz zum Berni ja wirklich auf eine Kombi-Medaille, also entsprechend dosiert. Während er die Abfahrt nur als Überlebenstraining sah, mit einem Ziel: unten gesund anzukommen. Wie lange er dafür brauchte, war egal.

Meine Kombi-Medaille war trotz der tollen Ausgangsposition angesichts der Abfahrt in weiter Ferne. Die Abfahrt in Crans Montana war nämlich die

Menschlich war die Situation in Crans Montana extrem unangenehm. Die Querelen rund ums Team wurden immer schlimmer, Bartsch stand unter enormem Druck, die Medien hatten eine Art Beißwut gekriegt – wie Kampfhunde zerfleischten sie alles, was aus dem ÖSV-Team kam. Die Schweizer, die bei dieser Heim-WM alles in Grund und Boden fuhren, machten sich einen Spaß aus dem hämischen Kommentieren der österreichischen Selbstzerfleischung. Und dann mussten die Trainer die Entscheidung zwischen

Berni und mir treffen. – Sie fiel zu meinen Gunsten.

Berni blieb ruhig. Kein Mucks. Auch wenn's pathetisch klingt: Er verhielt sich so freundschaftlich, dass ich eigentlich für uns beide fuhr, nicht nur für mich.

Nach dem ersten Durchgang gab es kaum Grund, mit meiner Leistung zufrieden zu sein: nur Platz acht auf dem von Hans Pum vor allem im Steilen pfeilschnell ausgesteckten Kurs. Eine Medaille war nicht wirklich in Griffweite.

Der zweite Durchgang aber war eine kleine Mader-Gala. Ich fightete mich von Platz acht auf Platz zwei vor – Silber! Geschlagen nur von Sensationsmann Frank Wörndl, der zurecht siegte, ein tolles Rennen fuhr. Dahinter ohne Medaillen alle großen Stars der Zeit: Girardelli, Stenmark, Krizaj, Gaspoz auf den Plätzen vier, fünf, sechs und sieben.

Die österreichische Crans Montana-Bilanz sah mehr als bescheiden aus, wir kamen aber mit einem blauen Auge davon: vier Medaillen, immerhin. Zwei hatten die Damen geholt (Roswitha Steiner im Slalom und Sylvia Eder in der Kombi jeweils Silber), zwei die Herren: Bronze in der Kombi, Silber im Slalom. Beide von Günther Mader. Die Presse schrieb vom „Retter".

Weltcup-Bilanz der Saison 1986/87? Alles Pirmin: Gesamt-, Abfahrts-, Riesenslalom- und Super-G-Weltcup gingen an Pirmin Zurbriggen. Nur den Slalom-Weltcup holte der Jugoslawe Bojan Krizaj.

Die Saison 1987/88 brachte zunächst die Erlaubnis persönlicher Sponsoren durch die FIS. Eine unter uns Läufern höchst willkommene Neuerung, ich hatte auch gleich einen dicken Fisch an der Angel: Pirelli, die italienischen Reifenerzeuger, fanden über Vermittlung von Harti Weirather Gefallen an meinem Profil; Harti hatte schon am Ende seiner aktiven Laufbahn in der Saison 1985/86 ins Management zu schnuppern begonnen und hatte daher schon gute Kontakte.

Ich lief also ab Herbst 1987 mit einer Pirelli-gelben Haube durch den Tag, und ich fuhr mit einem gelben Helm. Das sah nicht nur witzig aus, sondern war auch finanziell einiges wert; ich war mit 400.000 Schilling im Jahr für den Vertrag einer derjenigen, die am besten verdienten (absoluter Chef in Sachen Verträge war aber ein anderer: Bei Marc Girardelli spielte sich nichts unter siebenstelligen Schilling-Beträgen ab).

Die Sponsoren bedeuteten auch einen neuen Machtfaktor im Skizirkus, sie halfen den Läufern, sich ein wenig zu emanzipieren. Davor waren wir den Skifirmen ausgeliefert gewesen – 80 Prozent unserer Einkünfte kamen von der Skifirma, vielleicht je zehn Prozent kamen von Schuh- und Bindungsfirma dazu. Und die Skifirmen waren damals nicht zimperlich, was mediale Präsenz betraf. Wenn jemand bei einem Fernseh-Interview daheim im Wohnzimmer nicht ein Paar Ski auf dem Couchtisch liegen hatte, klingelte am nächsten Tag das Telefon ... Gedanken darüber, ob das nicht ein bisschen vertrottelt aussah, wenn die Ski im Wohnzimmer herumstehen, machte sich niemand. Es war die Zeit des Holzhammer-Marketing ...

Die Saison 1987/88 brachte nicht nur neue Sponsoren, sondern auch einen neuen Star: Ein gewisser Alberto Tomba siegte am 27. November 1987 in

Sestriere vor Jonas Nilsson und mir. Auch wenn der Hype um den Shooting Star sofort losging: Ich kümmerte mich kaum um Alberto, denn ich hatte mehr als genug mit mir selbst zu tun. Denn Robi und ich hatten vereinbart, erstmals konsequent auf alle Disziplinen loszugehen.

Was uns erwartete?

Ein Mörderprogramm. Ein Mörderstress.

Während Marc Girardelli im Luxemburgischen Skiverband nicht wirklich großen internen Qualifikationsdruck für die Olympischen Spiele in Calgary Ende Februar hatte und auch der andere große Allrounder Pirmin Zurbriggen in der Schweiz quasi unter die Käseglocke gestellt wurde (wie später auch die Norweger Kjus und Aamodt und viel später sogar die besten Österreicher), wurde Einzelkämpfer Günther Mader im ÖSV behandelt wie fünf Spezialisten: Um im Weltcup starten zu dürfen und mir damit überhaupt die Chance auf eine Olympia-Teilnahme sichern zu können, musste ich mich in jeder Disziplin mit den Spezialisten messen.

Und musste mich gegen sie durchsetzen.

Rennen auslassen, wie das vor allem Girardelli damals schon pflegte? Ausspannen, zwischendurch ein paar Erholungstage einschieben, wie sich das Robi und ich sehnlich gewünscht hätten? Trainingstaktisch agieren zu können statt auf den ständig umgeschmissenen Renn-Terminplan reagieren zu müssen? Ausgeschlossen.

Aber egal. Dachte ich zumindest.

Ich war zu Beginn der Olympia-Saison in sensationeller Form. Stärker denn je. In vier Disziplinen Sieganwärter, in der Abfahrt Top-Ten-Kandidat.

CRANS MONTANA 1987: DER „RETTER" KEHRT ZURÜCK
Günther bringt von der „Wunderwachs-WM" zweimal Edelmetall nach Hause: Silber im Slalom, Bronze in der Kombi – es sind die einzigen österreichischen Herren-Medaillen. Gries am Brenner steht Kopf. Kombi-Gold holte in Crans Montana Marc Girardelli, Silber Pirmin Zurbriggen und Bronze Günther Mader.

Und dann begann die Saison 1987/1988.

Meine erste wirklich brutale Saison.

Man kann vorwegnehmen: Sie war so brutal, dass ich in Calgary Ende Februar, als es um die Medaillen ging, platt und leer war.

Genau genommen war ich's ja schon vorher. Und hatte daher eine Idee: Als die Olympia-Qualifikation unter Dach und Fach war, nahmen sich Hubsi Strolz und ich eine Woche frei. Urlaub auf irgendeiner Insel. Surfen, locker trainieren, den Kopf lüften. Und dann mit frischen Kräften bei den Spielen groß abräumen.

Wir dachten, das sei eine besonders schlaue Idee. Tatsächlich war's eine der blödesten, die ich je hatte.

Blödheit zieht Pech an: Beim Surfen stieg ich auf einen Seeigel. Nicht nur, dass ich ein paar Tage nicht trainieren konnte. Schlimmer war, dass mein Fuß anschwoll – und mir mein Skischuh nicht mehr passte. Wenn mich damals jemand gefragt hätte, wo der Schuh drückt, ich hätte getrost sagen können: überall.

Nach dem ersten Schneetraining hatte ich einen blutunterlaufenen Zehennagel und einen Fuß, der in allen Farben des Regenbogens schillerte.

Zu allem Überfluss mussten wir beim Flug nach Calgary notlanden, kamen mit wilder Verspätung um vier Uhr Früh im Quartier des Teams an. Um sechs saß ich im Auto, unterwegs zum ersten Abfahrtstraining.

Der Abstecher in die Südsee, der eigentlich als Erholung gedacht war, wurde also ein einziges Fiasko.

Aber wer gedacht hätte, dass die Pechsträhne in Calgary gerissen sein würde, der hatte sich geirrt. Denn in Calgary fing die Sache erst an, lustig zu werden.

Calgary ist wunderschön, tolle Landschaft, faszinierende Natur. Herrlich für Wanderer, Naturliebhaber, Erforscher von Fauna und Flora. Weniger herrlich für Rennfahrer. Insbesondere dann, wenn mitten auf der Trainingspiste fünf Bäume stehen, die aus Naturschutzgründen dort stehen bleiben müssen.

Was passierte mir? Genau das, was zu erwarten war: Beim Training ausgerutscht, die pickelhart gefrorene Piste runtergerodelt und gegen einen der fünf schützenswerten Bäume gekracht. Der Vorteil war, dass die Schmerzen im Fuß danach nicht mehr so auffielen. Der Nachteil: Sie fielen deswegen nicht mehr so auf, weil der Rest des Körpers noch mehr weh tat.

Außer dem linken Daumen. Der war noch wie neu.

DIE FESCHESTEN HERREN IM SKIZIRKUS
Ein schönes Bild: Hans Pum, in Crans Montana Trainer der ÖSV-Techniker, und Berni Gstrein. Hans hatte nach der Kombination eine schwere Entscheidung zu treffen – sollte Berni im Slalom fahren oder sein Freund Günther? Günther fuhr. Und holte Silber.

Dann die Qualifikation für die Abfahrt. Ich fand mich gut zurecht – und war ja nach wie vor in blendender Form, trotz der Prellungen am ganzen Körper. Die Trainings-Plätze zwei, vier und fünf waren die lockere Qualifikation für die Olympia-Abfahrt.

Im Qualifikations-Training fädelte ich übrigens mit dem linken Daumen ein und verstauchte ihn so, dass ich mir nicht einmal einen Socken anziehen konnte, ohne einen Schweißausbruch vor Schmerzen zu kriegen.

Damit war Günther Mader also wirklich von Kopf bis Fuß bedient.

Trotzdem war er schnell. Trotzdem war er in allen

WENN MICH JEMAND FRAGTE, WO DER SCHUH DRÜCKT, KONNTE ICH SAGEN: ÜBERALL

Disziplinen Medaillenkandidat.Trotzdem war er für die österreichischen Medien das heißeste Eisen im olympischen Feuer. Die schreibenden Kollegen waren also wahnsinnig aufgeregt, als ich plötzlich mit einer Plastikschiene an der linken Hand auftauchte.

Wolfgang Ruiner vom Kurier (er wechselte später zu „Bild" nach Deutschland) riss die Augen auf, witterte die Super-Story, zückte den Notizblock und fragte mit aufgeregter Stimme:

„Günther, kann man sagen, das ist ein Gips?"

Ich: „Nein, Wolfgang, nur eine Plastikschiene."

Er: „Aber wie ein Gips?"

Ich: „Eine Plastikschiene. Nur zum Ruhigstellen."

Er: „Also quasi ein Gips?"

Ich: „Nein, eine Plas-tik-schie-ne."

Er: „Man kann also sagen, ein Gips?"

Charly Pointner von der Kronenzeitung hörte die fachmedizinische Diskussion mit und hatte fast Tränen in den Augen vor Lachen. Und natürlich schrieb der Wolfi Ruiner am nächsten Tag im Kurier:

„Olympia-Favorit Günther Mader muss mit Gips in den Kampf um die Medaillen gehen!"

Geworden ist es in Calgary nicht Gold, nicht Silber oder Bronze, sondern – um's mit Wolfi Ruiner zu sagen – die Gips-Medaille. Nicht nur in der Abfahrt.

Im Riesenslalom erwischte ich den falschen Ski. In der Abfahrt machte uns ein Wetterumschwung zu schaffen: Im Training hatte ich mich mit der Piste gespielt, war immer bei den schnellsten gewesen. Im Rennen liefen die Atomics überhaupt nicht. Dafür waren die Kästles mit den ersten steingeschliffenen Belägen bei den neuen Bedingungen wahre Raketen – Gold holten in der Abfahrt Pirmin Zurbriggen und Sigrid Wolf, meine frühere Klassenkollegin in Stams.

Im Super-G war ich toll unterwegs, aber hatte einen Steher an der dafür perfekt geeigneten Stelle, bei der Einfahrt ins Flache. Ich musste fast anschieben, um weiter zu kommen – und wurde trotzdem Fünfter. In der Kombi flog ich im Slalom raus. Wenigstens holte sich Berni dort hinter Hubsi Silber, ein kleiner Trost.

Die Weltcup-Bilanz 1987/88? Abfahrts-Olympiasieger Pirmin Zurbriggen räumte ab: Triumph im Gesamt-, Abfahrts- und Super-G-Weltcup. Slalom- und

Riesenslalom-Olympiasieger Tomba holte auch die entsprechenden Weltcups.

Im Gesamt-Weltcup zeigten zwei Österreicher auf: Hubsi Strolz als Dritter hinter Zurbriggen und Tomba, Günther Mader als Vierter. So gut waren die ÖSV-Herren im Gesamt-Weltcup zuletzt 1978/79 platziert gewesen, also immerhin neun Jahre davor.

Dass die österreichischen Chancen auf den Gewinn des Gesamt-Weltcups der Herren immer konkretere Formen annahmen, wurde höchste Zeit. Wir erinnern uns: 1970 war Karl Schranz der letzte gewesen, der die große Kugel für den ÖSV geholt hatte.

Ich war in Slalom, Riesenslalom und Super-G Läufer der ersten Gruppe und konnte in der Abfahrt wegen meiner vielen Weltcup-Punkte mit Nummer 16 starten – das sah alles andere als schlecht aus.

Meine Weltcup-Chancen, das wusste ich, würden aber so lange nur theoretischer Natur sein, solange ein Girardelli mit dem Helikopter zum Gletscher-Training flog und ein Zurbriggen mit dem Privatflieger bequem von Rennen zu Rennen gebracht wurde. Während wir Österreicher brav im Mannschaftsauto Meilen sammelten, zehntausende pro Winter. Und natürlich würden wir Österreicher so lange keine echte Chance haben, solange sich bei uns die Allrounder ins Training der Spezialisten als Kuckuckseier einklinken mussten.

Der ÖSV erkannte: Er hatte zwei Allrounder in seiner Mannschaft, die einen realistischen Angriff auf den Gesamt-Weltcup starten konnten, das waren Hubert Strolz und Günther Mader. Der ÖSV reagierte – und er reagierte theoretisch sogar richtig. Es wurde ein eigener Trainer für Hubsi und mich abgestellt, Sepp Hanser. Der ehemalige Ko-Trainer von Hans Pum sollte die beiden österreichischen Trumpf-Asse im Kampf um den Weltcup ins Spiel bringen.

Erstmals entschied ich mich im Sommer 1988, nicht mit den Technikern nach Australien zu fahren, sondern mit den Abfahrern nach Argentinien – mein Ehrgeiz war, auch bei den Abfahrern die erste Gruppe zu schaffen. In Südamerika lief's prächtig, ich war in den Zeitläufen bald bei den Spezialisten dabei. Bis es mich in der letzten Woche in einem Loch auf der schlecht präparierten Piste böse erwischte. Hängengeblieben, ausgehoben, ich riss einen Stern in die argentinische Landschaft, dass es eine Freude war.

Zunächst schien alles okay, bis auf ein bisschen Schmerzen im linken Knie. Ich hatte also Glück gehabt – scheinbar. Aber dann gingen die Schmerzen nicht und nicht weg, die Ärzte fanden nichts, das Knie schwoll einmal an, dann wieder ab. Die Beschwerden waren zu groß, um ordentlich trainieren zu können. Aber sie waren zu klein, um aufs Training zu verzichten. Und die Ärzte rätselten weiter …

Im Oktober riss mir die Geduld. Nach zwei Monaten herumhumpeln ließ ich mir das Knie arthroskopieren, es war damals die Zeit, in der die Arthroskopien aufkamen. Es stellte sich heraus, dass das hintere Kreuzband angerissen, der Meniskus lädiert war.

Also Pause. Nachdem ich das Sommertraining nur halb absolvieren hatte können, war ich in der heißen

DIE ROT-WEISS-ROTE TECHNIKER-ARMADA
Rudi Nierlich war einer der coolsten Hund' überhaupt – hier beim Riesentorlauf in Schladming wird ihm von Hubsi Strolz (links, 2.), Helmut Mayer (3.) und einem wegen eines vierten Platzes eher kühl lächelnden Günther gratuliert.

EIN SEEIGEL ALS OLYMPIASIEGER

Seine Chancen, bei den Spielen in Calgary 1988 groß abzuräumen, vermasselte sich Günther selbst – tatkräftig unterstützt von einem Seeigel.

Phase der Vorbereitung zur Untätigkeit verurteilt.

Rechtzeitig zu Beginn der Saison war ich dann fit – wobei „fit" nur heißt, dass ich keine Beschwerden mehr im Knie hatte. Nicht aber, dass ich vorbereitet gewesen wäre. Auf eine Saison, in der ich wieder das Monsterprogramm aller Rennen auf mich nehmen wollte – und auch musste, um im Gesamt-Weltcup mitmischen zu können und um mich für die Weltmeisterschaft in Vail qualifizieren zu können.

Dann passierte noch das Wunder, dass ich in Sölden zum inoffiziellen Saison-Auftakt den Parallel-Slalom gewann, fast ohne Training.

1988/89 brachte eine technische Innovation in den Skizirkus, die vieles verändern sollte: die „Derbyflex"-Bindungsplatte, die den Läufern beim Schwung einen viel extremeren Winkel zum Hang ermöglichte und die Kraft viel direkter übertrug. Wie so oft war Girardelli der Allererste, der mit der Neuheit experimentierte – und auch Erfolge damit feierte. Und wie so oft war auch ich schnell bereit umzusteigen. Schon im Herbst 88 trainierte ich eigentlich nur mehr mit Platte – wenn ich wegen meiner Knieprobleme trainieren konnte.

Wie so oft reagierte die Ski-Industrie auch damals mit ein wenig Verzögerung, dafür aber unsensibel: Offenbar von der Angst getrieben, ihr Anteil an den Erfolgen der Rennläufer könnte kleiner werden, beschlossen sie wenige Tage vor dem ersten „echten" Rennen im Dezember in Schladming, dass ohne Platte gefahren werden sollte. Einfach so. Über die Köpfe der Rennfahrer hinweg. 70 Prozent der Läufer waren bereits umgestiegen, hatten Monate die neue Technik trainiert. Der mächtigen Ski-Industrie war das egal – mit der kuriosen Entscheidung wollten sie die Plattenerzeuger in den Hintergrund drängen.

Der an sich schon obskure Deal wurde dadurch noch obskurer, dass sich eine Skifirma nicht daran hielt: Franck Piccard siegte beim Super-G in Schladming auf Rossignol – und auf Platte. Und wer erwartet hätte, dass Marc Girardelli ohne Platte fahren würde, der hatte sich natürlich auch getäuscht.

Überhaupt ohne Platte fuhren von den Spitzenleuten damals eigentlich nur mehr Ingemar Stenmark und Pirmin Zurbriggen. Bei Ingemar lag's daran, dass er sich nicht mehr umstellen wollte; 1988/89 war seine letzte Saison. Bei Pirmin wunderten wir uns alle, dass er auf den objektiven Vorteil der Platte verzichtete. Wir sollten uns noch länger wundern: Erst im Februar 1990, stieg auch Pirmin auf die Platte um – ganz am Ende seiner Karriere.

In Sölden hatte ich den inoffiziellen Saison-Auftakt gewonnen. Aber es kam natürlich, wie's ohne Saisonvorbereitung kommen musste: Die Landung in der Realität war keine Landung, sondern ein monatelanger Crash. Die Tanks, von vornherein nur zur Hälfte gefüllt, waren leer, bevor die Saison richtig begonnen hatte. Ich schleppte mich von Rennen zu Rennen, hastete, hetzte immer müder werdend durch den Winter. Dann kam, fast logisch, noch eine Adduktorenzerrung dazu.

Erfolge? Natürlich Fehlanzeige. Der erste Top-Ten-Platz gelang im Jänner beim Super-G in Laax. Der Teufelskreis drehte sich immer wilder. Ich wurde hektisch, fürchtete sogar um mein WM-Ticket für Vail, startete mit Grippe und fast 39° Fieber beim Riesenslalom in Adelboden. Natürlich ein ausgemachter Blödsinn – Ergebnis: kein Spitzenergebnis, dafür fast 40° Fieber am nächsten Tag. Rechtzeitig als der Countdown für die WM schneller zu laufen begann ...

Irgendwie schaffte ich's doch nach Vail. Und dort mussten ausgerechnet die beiden, die als die großen österreichischen Hoffnungen auf den Gesamt-Weltcup in die Saison gestartet waren, Qualifikation um einen Super-G-Startplatz fahren: Hubsi Strolz und ich.

Im Training hatte es mehr als 30 Grad unter Null, meine Ski sind bei dieser Kälte schlicht nicht gegangen. Quali gegen Hubsi knapp verpasst. Dann wurde es wärmer, Weltmeister wurde der Schweizer Martin Hangl. Auf Atomic. Bei Atomic-Verhältnissen. Auf quasi meinen Brettern. Hubsi wurde Vierter ...

Nachher redet sich's leicht – aber Hans Enn ist trotz eines schweren Sturzes vor der WM, trotz eines gerissenen Kreuzbands in den WM-Super-G gestartet. Er konnte nicht ordentlich trainieren, schonte sein Knie nur, das war offensichtlich. Natürlich wollte er unbedingt starten, wie das in der Natur eines Rennfahrers liegt. Natürlich kann man nicht von einem Rennläufer erwarten, dass er vor einer WM vernünftig ist. Aber leider war niemand da, der ihn am Start gehindert hätte. Die Trainer wussten, dass das Risiko für die Gesundheit vom Hans enorm groß war – trotz des grünen Lichts, das die Ärzte gegeben hatten –, und dass er kaum realistische Chancen auf einen Spitzenplatz hatte. Aber niemand hat die Entscheidung getroffen, die zu treffen gewesen wäre.

Der Hans kämpfte sich im Super-G zu einem tapferen 13. Platz, von dem niemand was hatte – nur dass ich um eine Medaillenchance gebracht wurde. Ich ärgerte mich noch mehr, als dann von ganz oben der Hangl mit meinen Skiern winkte, Gold um den Hals. – Im Riesenslalom passierte es dann: Es zerfetzte Hans das ganze Knie. Es war das letzte Rennen in der großen Karriere von Hans Enn – er hätte sich ein anderes Ende verdient gehabt.

Ich war zornig auf den ÖSV-Trainerstab. Aber ich biss mir auf die Zunge und sagte nichts. Erstens weil es nicht meine Art war, für große Skandal-Stories zu sorgen, schon gar nicht bei Großereignissen, wo es genug andere gab, die die Chance beim Schopf packten, sich in den Vordergrund zu protestieren.

Und zweitens, weil ich schon eine Medaille hatte – Bronze in der Kombi hinter Girardelli und Paul Accola, was mich nach der verkorksten Saison auch versöhnlich stimmte. Dabei wäre auch in der Kombination mehr drin gewesen: Denn bei Neuschnee mit Startnummer zwei in eine Abfahrt starten zu dürfen, die mit einem Flachstück beginnt – nicht wirklich, was sich ein Rennfahrer wünscht. Ich kam mir vor wie beim Spuren einer Langlaufloipe. Bei der Zwischenzeit hatte ich über zwei Sekunden Rückstand. Aber unten riskierte ich, und ich übertreibe nicht, da riskierte ich zum ersten Mal bei einem Skirennen mein Leben. Und erkämpfte mir einen neunten Platz. Im Slalom rettete

ÜBERRASCHUNG IN GELB
Der Auftakt zur Saison 1988/89 am Söldener Gletscher war ein inoffizieller: Man gab einen Parallel-Slalom. Sieger wurde Günther (vor Ingemar Stenmark und Martin Hangl) insofern überraschend, als er im Sommer beim Abfahrtstraining gestürzt war und sich am Knie verletzt hatte.

ich auch einen neunten Platz ins Ziel – und wie das in der Kombi manchmal so ist: Wenn man in Vail neun und neun zusammenzählte, kam dabei drei heraus. Glück, das mir nach der langen Saison besonders gut tat. Und das ich mir durch einen irren Ritt im unteren Teil der Abfahrt auch ein bisschen verdient hatte.

Das Projekt Strolz/Mader war übrigens nach diesem einen Jahr nicht wirklich zum Erfolg gekommen: Hubsi wurde Zehnter im Gesamt-Weltcup, ich landete im Niemandsland. Bester Österreicher im Gesamt-Weltcup war Rudi Nierlich als Sechster, Gesamtsieger wurde Girardelli vor Zurbriggen und Tomba.

Die Saison 1989/99 begann zu einer Zeit, in der kaum jemand in Europa ans Skifahren dachte: Im australischen Thredbo, acht Autostunden hinter Sidney, wurden im August ein Slalom und ein Riesenslalom gefahren. Die österreichischen Zeitungen waren empört über die FIS-Idee, zeterten seitenweise; ich fand die Idee gut. Nicht nur weil der Skisport damit in Australien ein bisschen gepusht wurde, sondern auch weil unsere Medien voll waren mit Skiberichten ...

Es war aber auch ein Ausflug, der meine Pläne für die gesamte nächste Saison beeinflusste: Abfahrtstraining in Südamerika war natürlich unmöglich, wenn gleichzeitig am anderen Ende der Welt zwei Weltcup-Rennen stattfinden. Ich trainierte also mehr Slalom und Riesenslalom – und nahm damit in Kauf, in der kommenden Saison wohl wieder ein wenig den Anschluss in der Abfahrt zu verlieren.

Zu Beginn der „echten" Saison wurde mir die Abfahrt sogar unmöglich gemacht: Denn ich bekam plötzlich riesige Probleme mit beiden Knien. Ich quälte mich von Rennen zu Rennen. An ein Training zwischen den Rennen war nicht zu denken. Wenn ich mit dem Auto ein paar Stunden unterwegs war, konnte ich nicht einmal aussteigen.

Ich war 25 Jahre alt, am Höhepunkt meiner Leistungsfähigkeit, und dann das. Ich hatte keine Ahnung, woher die Schmerzen kamen. Schlimmer: Auch die Ärzte hatten keine Ahnung. Und ich war bei vielen Ärzten ...

Waren es die Belastungen der letzten Saisonen gewesen? Gar Abnützungserscheinungen? Während wir rätselten, kamen zu den Knie- noch Rückenschmerzen dazu. So schlimm, dass ich in der Früh kaum aus dem Bett kam. Ein paar Ärzte vermuteten, meine Bauch- und Rückenmuskulatur sei zu schwach trainiert. Also trainierte ich meine Bauch- und meine Rückenmuskulatur. Ergebnis: noch ärgere Schmerzen.

Das Wunder der Saison waren die Ergebnisse, die ich trotz der enormen Probleme zusammenbrachte – ich will gar nicht drüber nachdenken, was in der Saison los gewesen wäre, wäre ich nur halbwegs beschwerdefrei unterwegs gewesen: In Mount St. Anne gewann ich noch im Dezember den ersten Weltcup-Riesenslalom meiner Karriere (vor Furuseth, Bittner, Nierlich, Eberharter, Tomba und Wasmeier, das liest sich auch mehr als zwei Jahrzehnte danach noch gut ...), nachdem ich ein paar Tage zuvor in Waterville Valley Dritter geworden war, hinter Urs Kaelin und Lars-Borje Eriksson, der übrigens im Sommer in Thredbo gewonnen hatte, vor Furuseth, mir, Girardelli, Tomba und Zurbriggen.

In Alta Badia landete ich nur deswegen auf Platz zwei hinter Richie Kröll, weil unsere Servicemann-Legende bei Atomic die Kanten bei den Ski von Rudi Nierlich und von mir noch händisch schliff statt mit dem „neumodischen Zeugs". Ein Zeugs, das aber schon üblich war bei allen Spitzenleuten – außer bei Rudi und mir, wir fuhren auf echter Handarbeit ins Tal. Was ein ausgemachter Wettbewerbsnachteil war, wenn's um Hundertstel ging. Und es ging um Hundertstel – in Alta Badia genau um acht zwischen Platz eins und zwei.

Die verlor ich im zweiten Lauf, weil der ältere Herr, der seinerzeit schon für Annemarie Moser-Pröll die Ski hergerichtet hatte, meinen linken Ski wirklich hervorragend präpariert hatte. Aber nur den. Und beim rechten haperte es leider. Da war die Kante nach der Daumen-mal-Pi-Methode ungenau geschliffen worden. So ungenau, dass ich mich mit einer Art Ein-Ski-Technik runter kämpfte.

Da stand ich nun auf dem Podest neben einem strahlenden Richie Kröll und einem strahlenden Hubsi Strolz, der mit dem ebenso wie ich etwas angefressenen Rudi Nierlich ex aequo Dritter geworden war – vier Österreicher auf dem Siegespodest, die österreichische Presse schlug Purzelbäume. Hätte ich meinem Ärger über den Servicemann Luft machen sollen – und die Jubelstimmung stören? Das war nicht meine Art …

Dann gab's in dieser unglaublichen Saison noch einen Super-G-Sieg – auch das mein erster im Weltcup.

Ich erinnere mich an das Geisterrennen in Les Menuires in Frankreich am 30. Jänner 1990 aber trotzdem nicht gerne. Es war eines der gefährlichsten Rennen, die ich jemals gefahren bin. Es war reines Glück, dass wir da alle heil durchkamen.

Gesteckt wurde der Kurs von Dieter Bartsch im dichtesten Nebel, den man sich vorstellen kann. Wir dachten schon an eine Absage. Als ein paar Minuten vor dem Start der Nebel aufriss, rissen wir Läufer die Augen auf – und wie: Der extrem schnelle Super-G lag idyllisch mitten in der allerreinsten hochalpinen Natur, die dort in erster Linie aus Felsen bestand – keine einzige Absicherung störte den Frieden.

Ein Wahnsinn. Fahrlässig, unverantwortlich. Wenn einer der Läufer gestürzt wäre, hätte es unweigerlich eine Tragödie gegeben. Wir fuhren trotzdem. Und ich gewann das Gruselrennen – es war erst der zweite österreichische Super-G-Sieg der Geschichte, über sechs Jahre nach Hans Enn in Val d'Isere.

Hubsi Strolz war in Les Menuires als Achter zweitbester Österreicher, ein ganz junger Tiroler wurde Elfter in der lebensgefährlichen Geisterbahn. Der Bursche war noch nicht einmal 21, kam frisch aus der Europacup-Mannschaft und war in seiner unbekümmerten Art schon dreimal unter die besten Zehn gefahren, in Mount St. Anne sogar Fünfter geworden – vor Kalibern wie Tomba und Wasmeier.

Der Name des Burschen: Stephan Eberharter.

Der Steff war ein schlampiger Skifahrer, aber einer mit unbeschreiblichem Talent und extremem Gefühl für den Ski, das sah man. Und er hatte einen guten

DIE REBELLION DES KÖRPERS

Rätselhafte Rücken- und Knieschmerzen beenden fast Günthers Karriere. Doch als er nicht mehr auf die Ärzte, sondern auf seinen Körper hört, verschwinden die Beschwerden fast von selbst ...

Trainer, das sah man auch: Denn Europacup-Trainer des ÖSV war in der Zwischenzeit ein gewisser Robert Trenkwalder geworden.

Das Ende dieser verrückten Saison mit den unerträglichen Schmerzen im Knie und im Rücken und den verblüffenden Erfolgen war noch weit dramatischer, vor allem aber schmerzlicher und tragischer als alles davor: Der Freund meiner Schwester, sie hatten schon ein kleines Kind miteinander, verunglückte wenige Tage vor dem Weltcup-Finale mit dem Auto schwer, wurde ins Spital nach Innsbruck gebracht. Wir trommelten eilig die Familie zusammen, mein Vater war als erster in der Klinik – und erfuhr dort, dass die Ärzte nichts mehr hatten tun können.

Meine kleine Schwester war schon bei uns zu Hause in Innsbruck eingetroffen, als mich der Vater anrief. Ich war derjenige, der der Schwester die Nachricht überbringen musste. Das sind Momente, in denen du ganz, ganz weit vom Sport entfernt bist.

Als Rennläufer kehrst du aber in den Sport zurück – wenn es sein muss, auch am Tag nach einer solchen Katastrophe. Das mag ein Außenstehender vielleicht nur schwer verstehen. Aber Rennläufer zu sein, das ist kein Beruf – Rennläufer zu sein, das ist eine Lebensform, eine in jeder Hinsicht extreme Lebensform, die mit herkömmlichen Ansichten nicht zu beurteilen ist.

Nur wenige Tage nach der Tragödie, am 3. März 1990, kehrte ich in Veysonnaz in den Rennlauf zurück. Es war sogar ein wichtiges Rennen, es ging gegen Ole Christian Furuseth um den Riesenslalom-Weltcup.

Auch wenn ich viel an meine Schwester dachte und lieber in Tirol bei der Familie gewesen wäre als in Veysonnaz beim Weltcup-Finale, auch wenn mich die Situation belastete: Als ich am Start stand, war ich Rennläufer. Zu hundert Prozent konzentriert.

Dass es um ein paar Hundertstel nicht reichte zum Sieg im Riesenslalom-Weltcup, hatte mit der Situation daheim nichts zu tun. Es war einfach Pech: Ich wurde Sechster und damit punktegleich mit Furuseth Gesamt-Zweiter im Riesenslalom-Weltcup 89/90. Die Entscheidung zu seinen Gunsten brachte die größere Zahl an Top-Platzierungen: Er hatte einen ersten, zwei zweite und einen dritten Platz auf dem Konto, ich einen ersten, einen zweiten und zwei dritte. Knapper kann man einen Weltcup nicht nicht gewinnen ...

Ich beendete die Saison als Dritter im Gesamt-Weltcup hinter Zurbriggen und Furuseth, erstmals war ich bester Österreicher im Gesamt-Weltcup.

Kaum war die Saison zu Ende, packte ich meine Frau Ingrid und meine Tochter Carina in ein Flugzeug nach Lanzarote und mich gleich dazu, suchte ein Hotel mit ordentlicher Kraftkammer und nahm mir zwei Wochen, um Bauch- und Rückenmuskulatur so zu trainieren, wie mir das die Ärzte empfohlen hatten.

Ich trainierte den Bauch zu einem Waschbrett und hatte einen Rücken wie ein Kraftdreikämpfer. Und was passierte? Die Schmerzen wurden ärger und ärger. Ich konnte kaum mehr gehen, geschweige denn laufen.

Ich fuhr verzweifelt heim. Ich sagte zu Robi Trenkwalder: „Die Ärzte haben keine Ahnung, was das ist.

Ich hab keine Ahnung, was das ist. Ich weiß nur eines: Wenn das nicht bald aufhört, hör ich auf. Mir reicht's. Ich kann nicht mehr." Es war gespenstisch – je mehr ich trainierte, je mehr ich getan habe, wozu mir die Ärzte geraten hatten, je genauer ich den Anweisungen der Ärzte folgte, desto ärger wurden die Schmerzen.

Ich konnte kaum mehr schlafen – an eine halbwegs ernsthafte Vorbereitung auf die nächste Saison war nicht nur deswegen nicht einmal im Traum zu denken.

Die Ärzte zuckten mit den Schultern.

Meine Karriere stand knapp vor ihrem Ende, mit 25.

Dann aber hatte ich etwas, das man wohl als Eingebung bezeichnet. Ich probierte genau das Gegenteil dessen, was ich bisher probiert hatte. Ich hörte auf mit dem Krafttraining, ich hörte auf, mich in dieses „verordnete" Training zu verbeißen, ich ließ locker. Ich hatte das Gefühl, eine Therme würde mir vielleicht gut tun – und fuhr in eine Therme. Nach Montegrotto in Italien zu Franz Mühlbauer, einem Schüler von Baldur Preiml, der dort mit seinen Seminaren „Säulen der Gesundheit" begann, die er heute noch durchführt.

Die folgenden zehn Tage veränderten mein Leben.

Franz' Physiotherapeut erkannte schnell, woher die Schmerzen kamen: Es waren schlicht extreme Verkürzungen der Muskulatur, hervorgerufen durch das jahrelange extreme Training. Das Gegenmittel? Denkbar einfach: locker lassen. Franz' Therapie aus leichten Dehnübungen, Atemübungen, aus bewusster Ernährung und dem, was man heute „Wellness" nennt, war sensationell erfolgreich. Als ich nach eineinhalb Wochen aus Abano heimfuhr, waren die Rückenschmerzen völlig verschwunden, die Knieschmerzen waren weitgehend abgeklungen. Die Vorbereitung auf die nächste Saison konnte beginnen.

Und ich hatte viel vor. Denn obwohl 1989/90 die rein rechnerisch bisher beste Saison gewesen war, konnte ich nicht zufrieden sein. Und ich hätte zum ersten Mal in meiner Karriere das „Was wäre wenn"-Spiel spielen können:

Was wäre, ... wenn früher ein Arzt draufgekommen wäre, dass es einfach nur Muskelverkürzungen waren, die meine Knie- und Rückenschmerzen verursachten? ... wenn ich zwischen den Rennen ordentlich hätte trainieren können? ... wenn ich auch die Abfahrten hätte bestreiten können – und damit die Kombinationen? ... wenn ich mich durch den Winter nicht hätte mehr schlecht als recht schleppen müssen?

Die Antwort: Ich hätte damals den Kampf um den Gesamt-Weltcup ziemlich spannend gestalten können.

Aber wer als Sportler einmal damit beginnt, das „Was wäre wenn"-Spiel zu spielen, der hat schon verloren. Denn im Sport zählt immer nur was war, nie was hätte sein können.

Das ist eine der Wahrheiten, die ich in dieser Zeit lernte – in dieser manchmal brutalen, manchmal ungerechten, manchmal unmenschlichen, aber immer faszinierenden Lebensform namens Rennsport.

DIE NEUE ZEIT

Die frühen neunziger Jahre: Die Fischer-Tragikomödie, der Lange-Krimi, die schreckliche tödliche Serie im österreichischen Skiteam. Und der Vorstoß in die Abfahrts-Weltspitze.

ZICKZACK IM SLALOM

Der Abschied von Atomic war ein zorniger – umso größer die anschließenden Hoffnungen auf Fischer, wo schon die Slalom-Spezialisten Thomas Stangassinger und Bernhard Gstrein unter Vertrag standen. Es kam anders: zehrendes Material-Tüfteln in den technischen Disziplinen – und der überraschende Aufstieg zum absoluten Top-Abfahrer.

Das neue Jahrzehnt begann mit einer wichtigen Änderung: Ich wechselte im Frühjahr 90 von Atomic zu Fischer. Auf Kneissl war ich in den Kinder- und Jugendjahren gefahren, danach kurz auf Fischer (Junioren-Weltmeister!), anschließend acht Jahre auf Atomic. Es waren acht erfolgreiche, gute Jahre – sie gingen weniger gut zu Ende.

Mein Weggang von Atomic hatte nicht nur den Grund, dass ich weiter Marker-Bindungen fahren wollte, während Lois Rohrmoser seine Fahrer lieber auf Konzern-Produkten gesehen hat und das auch deutlich zum Ausdruck brachte. (Rohrmoser hatte die Bindungsfirma ess gekauft, wie später auch die Koflach-Skischuhe.) Hauptgrund und unmittelbarer Auslöser meines Abschieds von Atomic war eine Besprechung mit Rohrmoser und seinem damaligen Rennchef Andy Wenzel, dem früheren Liechtensteiner Weltklasse-Läufer. In dieser Besprechung wurde mir schnell klar, dass Atomic nicht mehr mit mir wollte. Sie schlugen Bedingungen der Zusammenarbeit vor, die für den besten Österreicher, für den Dritten im Gesamt-Weltcup nicht akzeptabel waren. Sie setzten ganz offensichtlich auf Rudi Nierlich als Top-Star. Eine Entscheidung, die mir natürlich nicht gefiel, die ich aber akzeptiert und verstanden hätte – wenn nicht dieses Gespräch mit Rohrmoser und vor allem Wenzel gewesen wäre, in dem ich behandelt wurde wie ein Bittsteller. Das ließ ich mir nicht gefallen. Ich war menschlich enttäuscht. Und so zornig wie sonst in den fast zwei Jahrzehnten meiner professionellen Karriere nur sehr selten.

Als wir nach dem Gespräch draußen im Auto saßen, drehte ich mich zu Robi Trenkwalder, der mit mir die Verhandlung geführt hatte, und sagte: „Egal worauf sonst – ab morgen fahr ich nicht mehr Atomic."

Natürlich sprach sich schnell herum, dass der Dritte des Gesamt-Weltcups zu haben war. Besonders bemühte sich Fischer um mich. Die Oberösterreicher wollten von dem Image weg, nur in der Abfahrt schnelle Ski bauen zu können – da passte ich ihnen als technisch starker Allrounder natürlich ins Konzept wie der fehlende Puzzlestein.

Berni Gstrein fuhr ebenso Fischer wie Thomas Stangassinger, also zwei starke Techniker. Mit mir wollten die Fischer-Leute den Gesamt-Weltcup attackieren. Auch ich sah gute Chancen: Fischer hatte schon in den Saisonen davor gutes Material in Abfahrt, Super-G und Slalom zusammengebracht, echten Rückstand hatten sie eigentlich nur im Riesenslalom. Das, dachte ich mir, sollte aufzuholen sein. Ich war sicher, wir würden gemeinsam schnell einen konkurrenzfähigen Riesenslalom-Ski entwickeln, die Leute in Ried machten einen sehr motivierten Eindruck. Und dann würden wir den Gesamt-Weltcup attackieren.

Ich wechselte in diesem Sommer nicht nur die Ski, sondern auch die Schuhe: Rohrmosers Koflach-Schuhe, mit denen eigentlich nur Rudi Nierlich zurecht kam, zog ich ohne wirkliche Wehmut aus und schlüpfte in die – endlich poolgerechten – Schuhe von Lange.

Lange war die Marke von Tomba, von Girardelli – Lange und auch Zurbriggens Nordica waren den österreichischen Schuhen wie Koflach und Dachstein aus einem einfachen Grund schon seit Jahren überlegen: Der österreichischen Ski- und Skischuh-Industrie ging's nicht mehr so gut, dass sie Geld in die nötige Forschung und Entwicklung investieren hätte können. Ich hatte schon Ende der achtziger Jahre ein paar ernstere Gespräche mit dem ÖSV, weil Zurbriggen auf Nordica und Girardelli mit seinen Lange-Schuhen auf blankem Eis problemlos herumgehüpft sind, während wir Österreicher poolgerecht mit Koflach oder Dachstein herumwurschtelten.

Die Naturschutz-Bestimmung für die österreichische Skischuh-Industrie auf Kosten der Chancen der Rennläufer wurde erst jetzt aufgehoben, 1990, vom neuen ÖSV-Präsidenten Peter Schröcksnadel, der Frischluft in die österreichische Ski-Szene brachte.

Ich war sehr zuversichtlich, was das Material für 1990/91 betraf. Vom Wechsel auf Lange versprach ich mir eine klare Verbesserung, den Riesenslalom-Rückstand von Fischer schätzte ich als bewältigbar ein.

Dann kam aber der Boden der Realität. Der Boden der Realität kam im August 90, es war der Boden von Mount Hutt in Neuseeland, und der Boden war eisig.

Der Skizirkus war wieder zu sommerlichen Weltcup-Rennen ans andere Ende der Welt gereist, zu einem Slalom und einem Riesenslalom. Im Riesenslalom rutschte ich so katastrophal zwischen den Toren herum, dass ich nicht einmal die Qualifikation für den zweiten Durchgang schaffte. Ein Riesen-Schock.

Ein paar Wochen davor hatte ich die Riesenslalom-Kristallkugel um ein paar Hundertstel verpasst, punktegleich mit dem Weltcup-Sieger. Jetzt sollte ich plötzlich das Riesenslalom-Fahren verlernt haben?

Nein. Es konnte nur am Material liegen. Und zwar in beunruhigender Deutlichkeit.

Waren es die Ski? Die Schuhe? Beides?

Es war beides, wie sich schnell herausstellte.

Denn eine Illusion verlor ich gleich nach dem ersten Rennen – die Illusion, dass mir Lange dieselben Schuhe geben würde wie den Top-Stars Girardelli und Tomba. Berni Gstrein und ich saßen in Australien stundenlang vor dem Video und analysierten, mit welcher Innenlage Tomba und Girardelli fuhren, ohne am Schuh abzurutschen. Das waren Innenlagen, die für uns unvorstellbar waren – unsere Schuhe waren viel breiter, klobiger. Tomba und Girardelli hatten schmälere Schuhe – obwohl sie um eine Nummer größere Füße hatten.

Sie hatten uns andere Schuhe gegeben. Berni und ich waren fassungslos.

DER MANN FÜRS FEINE ...
Günther Schuchter war nicht nur Günthers Servicemann gewesen, als er auf Fischer 1982 Junioren-Weltmeister geworden war, sondern er betreute ihn auch jetzt bei der Rückkehr zu Fischer 1990/91 – ein gutes Omen.

Natürlich taten die Leute bei Lange sehr erstaunt, als ich sie geradeheraus drauf ansprach – nein, nein, absurd, natürlich werde kein Läufer bevorzugt.

Natürlich war es doch so.

Ich fand das durch einen kleinen Trick heraus. Ich brachte meinen Bruder Stephan, schon damals einen der besten Schuh-Servicemänner im Zirkus, zu Lange. Nicht nur weil ich wusste, dass er mich perfekt betreuen würde, sondern auch um jemanden bei Lange zu haben, dem ich voll vertrauen konnte. Jemanden, der auch hinter die Kulissen schauen konnte.

Tatsächlich kam bald die Bestätigung. Stefan fand heraus, dass Tomba schon seit Olympia 88 in Calgary einen eigenen Schuh hatte.

Es blieb uns nichts anderes übrig, als innerhalb unserer Schuhfirma ein eigenes Projekt zu starten: Stephan und ich begannen, einen eigenen Schuh zu entwickeln.

In die Saison 1990/91 war ich als geplanter Nachfolger von Pirmin Zurbriggen gestartet, als Top-Favorit im Kampf um den Gesamt-Weltcup, nachdem Pirmin im Sommer seine Karriere beendet hatte. Es ging aber so weiter, wie sich das im Sommer in Mount Hutt abgezeichnet hatte: verkorkst. Vor Weihnachten brachte ich gerade einmal zwei Top-Ten-Resultate ins Ziel, zwei sechste Plätze beim Riesenslalom in Alta Badia und beim Slalom in Kranjska Gora.

Auch bei Fischer war die Stimmung gespannt. Wir an der Front – allen voran Robi und ich – forderten neue Entwicklungen, neue Ansätze, neues Material. Sie – vor allem der legendäre Ingenieur Stroi, der seinerzeit durch die Konstruktion der Ski von Franz Klammer fast Heiligenstatus in Oberösterreich erreicht hatte – machten uns Vorwürfe. Wir würden schlecht fahren, die Möglichkeiten des Materials nicht nützen.

Die Ski, sagte der Skibauer, waren super.

Die Ski, sagten wir, sind alles andere als super.

Wir testeten und entwickelten – sowohl im Schuh- als auch im Skibereich – wie die Verrückten, um das Material in den Griff zu kriegen, und nach Neujahr zeigten sich tatsächlich erste Erfolge: Platz drei in der Kitzbüheler Kombi, Platz fünf im Adelbodener Riesenslalom. Und vor allem: Sieg beim Super-G in Garmisch-Partenkirchen. Bei der Generalprobe, 17 Tage vor dem Super-G bei der WM in Saalbach.

Zweitbester Österreicher in Garmisch war Steff Eberharter als 13. – offensichtlich eines der größten Talente im Zirkus. Er war schon Dritter beim Super-G in Valloire geworden, aber hatte noch kein Rennen gewonnen, war keiner der Top-Favoriten für Saalbach.

Plötzlich, nach dem Super-G-Sieg in Garmisch, sah Saalbach für mich gar nicht mehr so düster aus. Plötzlich war da für die WM ein Hoffnungsschimmer.

Letzte Station vor der WM: die Lauberhornrennen.

Ich kam gerade in Wengen an, da machte die Nachricht von einem schweren Unfall die Runde – Gernot Reinstadler war im Abfahrtstraining schwer gestürzt, das ja damals auch eine Ausscheidung fürs Rennen war, zu dem man nach einer neuen Regelung nur die 30 Schnellsten des Trainings zulassen wollte. – Es war der 18. Jänner 1991. Die Nachrichten, am Anfang nur

EIN SENKRECHTSTARTER NAMENS EBERHARTER
Kombi-Bronze in Saalbach-Hinterglemm rettete eine verpatzte WM, nicht aber eine verkorkste Saison. Gold holte in der Kombination ebenso wie im Super-G der sensationell auftrumpfende Stephan Eberharter – der die Wengen-Katastrophe nicht live erleben musste, sondern auf den WM-Pisten trainiert hatte.

Gerüchte, konkretisierten sich schnell: Gernot Reinstadler war seinen Verletzungen erlegen.

Ein extremer Schock, nicht nur weil der Gernot einer der besten Jungen, einer der Nachdrängenden ins Nationalteam war, den wir alle kannten und den wir alle mochten. Ich hatte Gernot lange beobachtet, er war schon bei Robi im Tiroler Verband in der Schülerklasse gefahren, ich hatte ihm meine alten Skischuhe überlassen, als er noch im Tiroler Jugendkader fuhr.

Ich war nicht nur traurig, ich war auch zornig. Ich musste an Les Menuires denken, nicht einmal ein Jahr davor. Wie wir protestiert hatten, gebettelt, gefordert, dass die Sicherheitsvorkehrungen verbessert würden. Nein, es musste erst etwas passieren. Es war dumm und zynisch. Und wir Fahrer standen ohnmächtig daneben.

Vier Tage später begann die Weltmeisterschaft.

Das erste Rennen war der Slalom; Platz 13, ich fuhr ein schlechtes Rennen, war unglücklich mit meinen Schuhen. Das zweite Rennen war der Super-G. Steff Eberharter, der während der Wengen-Woche in Saalbach trainiert hatte, gewann sein erstes Rennen. Nicht in Wengen in dieser Atmosphäre aus Chaos und Schock gewesen zu sein, sondern in Saalbach in aller Ruhe auf der WM-Piste trainiert zu haben, war ein doppelter Vorteil, natürlich. Und Steff hatte schon damals die Klasse und die Abgebrühtheit des Siegfahrers, der seine Chance nützen konnte.

Ich wurde im Super-G enttäuschender Zwölfter, aus eigener Schuld. Ich hatte den falschen Ski genommen: den Riesenslalom-Ski, mit dem ich den Garmischer

Super-G gewonnen hatte, nicht den Super-G-Ski, der auf dem schneller gesteckten Kurs besser gepasst hätte.

Dann die Kombi: Elfter in der Abfahrt, Vierter im Slalom. Das machte unterm Strich Bronze hinter Steff Eberharter und Kristian Ghedina. Wenigstens eine Medaille. Im Riesenslalom wieder die Mischung aus mieser Leistung und nicht konkurrenzfähigem Material. Keine wirklich tolle Mischung – Platz 14.

Fischer, himmelhoch jauchzend, war natürlich ganz oben: Mit Eberharter überhaupt, mit Thomas Stangassinger im Slalom, mit Peter Runggaldier in der Abfahrt, mit Ghedina und mir in der Kombi waren sie in der WM-Bilanz der Herren hochweiß. Dass man im Riesenslalom nirgends war, fiel unter den Tisch.

Dass bei Fischer mit der alten personellen Struktur und dem Vertrauen auf die Erfolgsrezepte aus der Zeit von Franz Klammer nichts weitergehen würde, war offenbar irgendwie nur uns klar.

Ich bin sicher, Steff Eberharter wäre in den Jahren darauf nicht so abgestürzt, wenn er Fischer nach der WM verlassen hätte: 1991/92 erreichte Steff als bestes Resultat Platz neun in einem Super-G.

Die Saison 1990/91 war trotz der Bronzenen in der Saalbacher Kombination eine riesige Enttäuschung für mich – dennoch war ich im Gesamt-Weltcup, den Girardelli vor Tomba gewann, zweitbester Österreicher hinter Rudi Nierlich. Rudi war Riesenslalom-Weltmeister in Saalbach geworden, Dritter im Gesamt-Weltcup.

Auch er fiel dieser fürchterlichen Zeit zum Opfer: Auch Rudi, der das legendäre „wauns laft daun lafts“ geprägt hatte, der so schüchtern war, dass er seinerzeit lieber mit stumpfen Kanten fuhr als dem Servicemann Gas zu geben, erlebte die nächste Saison nicht – er starb bei einem Autounfall drei Monate nach seinem WM-Triumph. Die schreckliche Serie sollte auch danach nicht abreißen: Peter Wirnsberger II starb nur ein Jahr später, er verunglückte beim freien Skifahren.

Wie man auf solche Serien reagiert? Ich habe oft darüber nachgedacht. Ich glaube, es ist ein bisschen vergleichbar mit der Situation, wenn man auf der Autobahn an einem Unfall vorbeikommt. Zunächst bremst man runter auf 100. Nach zwei Minuten fährt man wieder 120, nach fünf Minuten ist man wieder so schnell wie vorher. Vielleicht sind Rennläufer im Verdrängen sogar noch besser als alle andere anderen.

PLÖTZLICH WAR ICH KNAPP VOR DEN OLYMPISCHEN SPIELEN IN DER ABFAHRTS-WELTKLASSE

Wahrscheinlich müssen sie es sogar sein.

1991/92, die Olympiasaison, großes Ziel waren die Spiele im Februar in Albertville.

Ich hatte schon in der Saisonplanung meinen Schwerpunkt wieder mehr auf die Abfahrt verlegt – notgedrungen, denn im Riesenslalom wurden unsere Ski nicht besser, eher im Gegenteil. In Abfahrt und Super-G hingegen gingen die Fischer-Geräte gut; sie hatten eine kleine Erhöhung auf Höhe der Bindung eingebaut, das hatte etwa den Effekt einer Platte und funktionierte in den schnellen Disziplinen. Im Riesenslalom dafür funktionierte das gar nicht, da traten wir auf der Stelle.

Mein erstes einstelliges Resultat gelang mir auch in der Abfahrt – erst im Jänner in Kitzbühel: zweimal Platz sieben in der Doppel-Abfahrt, meine beiden besten Abfahrts-Resultate bis dahin, fast drei Jahre nach meinem ersten und bisher einzigen Top-Ten-Resultat in der Abfahrt von Vail 1989.

Mir gefiel die Abfahrt auch immer besser. Das Tempo, die Sprünge, einfach lässig. Ich war zwar noch wegen der mangelnden Routine ein lausig schlechter Springer, aber mit meiner Technik konnte ich mich in den Kurven mehr als nur drüber retten – je schwerer eine Abfahrt war, desto besser waren meine Chancen.

Fast logisch also, dass ich in Wengen eine Woche nach Kitz dann sogar Sechster wurde – dreimal unter den ersten Zehn in einer Abfahrt innerhalb von acht Tagen, das war ein deutliches Signal: Ich gehörte in der Abfahrt plötzlich zur Weltklasse.

Bei den drei letzten Abfahrten vor Olympia ganz vorne dabei zu sein, das ließ auch für Albertville einiges erhoffen. Zumal uns in Val d'Isere, wo die alpinen Rennen ausgetragen wurden, eine geniale Abfahrt erwartete: extrem steil, extrem schnell, extrem schwere Kurven – maßgeschneidert für mich.

Ich kam nach Val d'Isere, fuhr runter und fühlte mich wohl. Es war Liebe auf die erste Fahrt …

Man kann durchaus sagen, die „Face de Bellevard" war die erste Abfahrt, die man auch nach heutigen Maßstäben als „modern" bezeichnen könnte. Klar, dass Abfahrts-Haudegen wie Leo Stock, Heli Höflehner, Daniel Mahrer und Franz Heinzer mit der wahnsinnig anspruchsvollen Strecke nicht glücklich waren. Die haben geschimpft wie die Rohrspatzen.

Die Abfahrt war aber ein Hochgenuss für jeden technisch starken Läufer. Vom Start ist's mit 150 km/h weggegangen, danach wurde eine Mischung aus ganz schweren Sprüngen (die ich mittlerweile halbwegs beherrschte) und extrem schweren Kurven serviert.

Der einzige Nachteil der sensationellen Strecke, die Bernhard Russi da an (und da und dort auch *in*) den Berg gebaut hatte, war ihre extreme Steilheit. Denn dadurch war die Abfahrt wahnsinnig schwer zu präparieren. Logische Folge davon: Jeder wusste, dass diese extreme Olympia-Abfahrt eine extreme Startnummern-Lotterie werden würde, auch weil es in den Tagen vor dem Rennen schneite und die Piste weich geworden war. Die Startnummern eins bis vier würden wohl perfekte Bedingungen haben, die eigene Linie fahren können, danach würde es von Läufer zu Läufer schwieriger werden, würden die Chancen auf einen Spitzenplatz dramatisch schrumpfen. Ab Nummer fünf, so die allgemeine Einschätzung, würde man wohl nicht mehr sein eigenes Rennen fahren können, sondern nur eine Mischung aus den Linien, die die Läufer davor in den Schnee gehackt hatten – ins Nirgendwo.

Wir zogen die Nummern von eins bis 15.

Top-Favorit Markus Wasmeier zog Nummer zwei.

Patrick Ortlieb die Nummer eins.

Ich zog 14. Damit war mein geheimer Medaillen-Traum eigentlich ausgeträumt.

DER FAST PERFEKTE TAG

Bei einem Startnummernrennen mit Nummer 14 auf Platz zwei gerast, nur ein Zehntel hinter Olympiasieger Patrick Ortlieb – obwohl danach noch Franck Piccard auf „reparierter" Piste Silber holte: Die Abfahrts-Medaille in Albertville war eine der größten Leistungen in Günthers Karriere.

Beim Rennen passierten mir sogar noch Fehler auf der mittlerweile löchrigen Piste, in die die 13 Läufer vor mir schon 30 Zentimeter tiefe Krater gerissen hatten. In einem dieser Löcher blieb ich sogar hängen, rettete mich gerade noch mit viel Glück.

Als ich im Ziel ankam, leuchtete tatsächlich „2“ auf der Anzeigetafel. Ich war Zweiter, nur ein Zehntel hinter Patrick Ortlieb, der seine Nummer eins perfekt genützt hatte und führte. Und ich lag 16 Hundertstel vor Markus Wasmeier, dem großen Favoriten, der Nummer zwei nicht genützt hatte – Nervensache.

Ich war sehr froh, sehr zufrieden und sehr erleichtert: Das musste eine Medaille sein!

Einmal noch musste Patrick bangen, als Franck Piccard mit Nummer 23 ein sensationelles Rennen runter knallte und auf Silber fuhr, mich auf Bronze verdrängte.

Franck hatte den Heimvorteil perfekt genützt: Er war nach einer schlechten Saison in der Startliste weit zurückgefallen, hatte aber für Olympia keinen Qualifikationsdruck. Er verzichtete auf Kitzbühel und Wengen, trainierte stattdessen in Val d'Isere auf der Olympia-Abfahrt – Vorteil eins. Zweiter Vorteil: Die schlauen französischen Funktionäre hatten vor dem Rennen beiläufig bekannt gegeben, dass die große Pause zur Präparierung der Piste nicht wie im Weltcup üblich nach Startnummer 15 eingelegt wurde, sondern erst nach Nummer zwanzig. So ein Zufall: Franck hatte 23 …

Seine Leistung war aber dennoch famos – Franck und ich waren die Einzigen unter den besten Acht mit einer zweistelligen Nummer.

Mit Patrick Ortlieb hatte an diesem Tag nicht der

technisch beste Fahrer gewonnen, aber ein ausgekochter Profi, toller Rennfahrer. Der, der cool genug war, den Vorteil seiner Startnummer perfekt zu nützen.

Patrick war auch einer, der im Erfolg ein bisschen gebremst werden musste. Innerhalb der Mannschaft war er ja ein ordentlicher Kollege, da gab's überhaupt nichts. Aber gegenüber Journalisten drückte er sich dann manchmal doch ein wenig missverständlich aus.

Es gab da zum Beispiel ein Interview, in dem er ungefähr sagte: Ich studiere und lerne und bilde meinen Geist weiter, während die anderen Fahrer des Nationalteams ihre Zeit damit verbringen, stumpf in Autozeitschriften zu blättern und blödsinnig Karten zu spielen.

Das war uns dann doch ein bisschen zu ungenau – ausgerechnet Patrick war derjenige, der an Autozeitschriften den allergrößten Gefallen fand. Und der vom Kartentippeln eigentlich schon Hornhaut an den Daumen haben musste. Es gab also ein klärendes Gespräch innerhalb der Mannschaft, in dem ziemlich unmissverständliche Worte verwendet wurden, um dem Patrick klar zu machen, dass ihm die anderen Mitglieder der Nationalmannschaft nicht zur Verfügung standen, um sein Image aufzupolieren.

Ortlieb, Piccard, Mader. – Ich hatte Bronze erreicht, sicherlich mein größter Erfolg bis dahin. Auch wenn mir viele Journalisten einreden wollten, dass ich bei meiner Startnummer mit nur einem Zehntel Rückstand Gold verloren, nicht Bronze gewonnen hatte – ich ließ mir die Freude an der Medaille nicht verderben.

Ich blieb auch da meiner Linie treu:

Nur was wirklich war, das zählte. Was sein hätte können, war egal. Hadern, Jammern, Lamentieren, das passte nicht zu einem Spitzensportler.

Hadern, Jammern, Lamentieren – wenn ich dazu Lust gehabt hätte, hätte ich in den anderen Rennen in Albertville eine Menge Gelegenheit gehabt.

Zum Beispiel in der Kombi-Abfahrt am Tag nach der Spezialabfahrt. Die Favoriten für Kombi-Gold standen fest: Marc Girardelli und ich würden wohl um Gold und Silber fahren, der Rest um Bronze.

Aber uns wurde dieselbe Stelle zum Verhängnis, dasselbe Loch in derselben Kurve. Weder Girardelli noch

DER ÖSV WAR NICHT IN DER LAGE, AUF DIE BEDÜRFNISSE EINES ALLROUNDERS EINZUGEHEN

ich hatten eine Chance, das Loch zu sehen, denn die Sicht war extrem schlecht, das Rennen – Start: erst nach 15 Uhr! – schlicht irregulär. Aber FIS-Renndirektor Karl Frehsner, der „eiserne Karl", wie man ihn schon damals nannte, peitschte das Rennen eisern durch.

Unseren Trainern fehlte einfach der Mumm, entschlossen einzuschreiten und ein Rennen zu stoppen, das nie und nimmer zu starten gewesen wäre.

Nachdem Girardelli und ich an derselben Stelle rausgeflogen waren, wurde das Rennen zwanzig Minuten unterbrochen, das Loch zugemacht, die Piste präpariert. Uns hat's nichts mehr geholfen – wir waren draußen. Und die letzten Läufer hätten eigentlich Stirnlampen gebraucht, so finster war's schon auf dem Berg.

Kombi-Weltmeister wurde – bei allem Respekt – jemand, der eigentlich zu schlagen gewesen wäre: Josef Polig aus Sterzing in Südtirol, der in seiner ganzen Karriere nie bei einem Weltcup-Rennen auf dem Stockerl stand, weder vorher noch nachher. Silber holte auch ein Italiener: Gianfranco Martin; er erreichte weder vorher noch nachher einen Top-Ten-Platz in einem Weltcup-Rennen. Bronze ging an den Riesenslalom-Spezialisten Steve Locher.

Wenn man hätte hadern wollen, man hätte nach der Kombination hadern können. Da wurde ich, wenn man's elegant formuliert, nicht gerade bevorzugt.

Hadern, Jammern, Lamentieren? Sechster wurde ich im Riesenslalom bei Olympia, Siebenter im Super-G, beide Male als bester Österreicher. Über die Möglichkeiten der Fischer-Riesentorlaufkrücken in dieser Zeit ist schon genug gesprochen worden, dafür war Platz sechs ganz okay. Im Super-G lag's an mir, da habe ich meine Medaillenchancen ohne fremde Hilfe vergurkt. Fahrfehler – riskiert und verloren.

Als Sechster und Siebenter in Riesenslalom und Super-G bester Österreicher, in der Olympia-Kombi kein Österreicher im Ziel. Man ahnt es schon: Das ÖSV-Herren-Team brillierte in diesem Jahr nicht gerade. Die Zwischenbilanz im Weltcup war sogar niederschmetternd: Bis Olympia hatte kein ÖSV-Läufer ein Rennen gewonnen, umso begeisterter war man ja wegen Gold und Bronze in der Olympia-Abfahrt.

Nun sollten endlich auch Erfolge im Weltcup kommen. Und in Übersee kamen sie auch: Bei der ersten Abfahrt nach Olympia im kanadischen Panorama schnappte mir William Besse um eine Hundertstel den Sieg weg.

Einen Sieg, der mir sehr viel bedeutet hätte – wäre es doch nach Slalom, Kombi, Super-G und Riesenslalom der letzte noch fehlende Mosaikstein in meiner Sammlung von Weltcup-Siegen in allen Disziplinen gewesen; eine Leistung, die vor mir nur Zurbriggen und Girardelli zusammengebracht hatten.

Was ich damals noch nicht wusste: So knapp wie in Panorama sollte ich dem Sieg nur mehr einmal kommen.

Zwei Tage später, am 8. März, schaffte ich beim Super-G in Panorama den ersten ÖSV-Sieg bei einem Herren-Weltcup-Rennen der Saison 1991/92 – das totale Weltcup-Debakel war abgewendet.

Gesamt-Weltcup? Paul Accola triumphierte, unter den ersten Zehn der großen Abrechnung nur zwei Österreicher: Hubsi Strolz als Neunter, ich als Sechster.

Damit konnte man nicht zufrieden sein. Der ÖSV war offenbar nicht in der Lage, auf die Bedürfnisse seines stärksten Allrounders einzugehen. Ich war die größte – und wohl auch einzige – Hoffnung, vielleicht doch nach mittlerweile 22 langen Jahren wieder einmal den Herren-Gesamt-Weltcup für Österreich zu holen.

Irgendwie hatte auch ich das Gefühl, mir würde die Zeit davonlaufen. Ich war bald 28 Jahre alt und vor allem schon sehr lange dabei. Ich wusste, das letzte Drittel meiner Karriere begann. Als die Saison vorbei war, beschloss ich, einen für Österreich völlig neuen Weg zu gehen. Gemeinsam mit Robi Trenkwalder.

Wir hatten keine Ahnung, was da auf uns zukam.

ZU ZWEIT GEGEN ALLE

Robert Trenkwalder und Günther Mader gegen den Rest der österreichischen Ski-Welt. Was 1992 nach den Spielen von Albertville begann, war ein Spießrutenlauf, brutaler als jedes Rennen.

DER SCHWERE WEG.
Die spannendste Folge von „Ein Fall für zwei“: Was Günther im Sommer 1992 gemeinsam mit Robert Trenkwalder riskierte, war nicht weniger als alles, was die beiden davor erreicht hatten.

„Eineinhalb Jahrzehnte nach dem Abgang von Marc Girardelli hat der österreichische Skisport den Fall Günther Mader."

„Die Ganze Woche", Mai 1992

Meine Karriere war ja von Anfang an nicht ganz klassisch verlaufen: Zuerst galt es die Widerstände in Gries zu überwinden, dann wagten wir den Alleingang ohne die Skihauptschule in Neustift, später – neben der Zugehörigkeit zu den verschiedensten Nachwuchskadern im Tiroler und Österreichischen Skiverband – wurde das zusätzliche Training mit „Heimtrainer" Robi Trenkwalder ja nicht von allen Verbands-Betreuern immer gern gesehen, um es elegant zu sagen.

Dann, im Weltcup, gab's die ewigen Probleme mit dem ÖSV – nicht weil ich eine Diva gewesen wäre, sondern weil ein Allrounder anders betreut werden muss als ein Spezialist. Ich konnte bitten, betteln, versuchen zu erklären: Es gelang dem ÖSV einfach nicht, sich auf mich einzustellen, auf jemanden, der alle Disziplinen fuhr, der auf den Gesamt-Weltcup losging.

Die Strukturen im Verband waren zu starr, die persönlichen Eitelkeiten der Trainer zu wichtig, die Einteilung der Gruppen zu eingefahren.

Ich wurde zwischen den Gruppen hin- und hergeschoben wie ein ungeliebtes Adoptivkind. Gehörte nirgends ganz dazu und nirgends gar nicht.

Nach Albertville, Frühjahr 92, war mir klar, dass ich keine Zeit mehr zu verschenken hatte.

Es musste eine Entscheidung getroffen werden:

Entweder weiter mit dem ÖSV mitlaufen, hoffen, dass sich die Strukturen irgendwann ändern würden.

Oder die Sache selber in die Hand nehmen.

Das „Entweder", der Verbleib beim ÖSV, hätte viele Vorteile gehabt: Ich hätte mich auf das Fahren und das Testen (und das immer noch nötige Weiterentwickeln) des Materials konzentrieren können, hätte das Drumherum wie die Organisation von Trainingspisten, Trainingskursen, Reisen vergessen können.

Das „Oder", das Verlassen des ÖSV, hatte auf den ersten Blick nur Nachteile. Aber es hatte einen ganz großen Vorteil: Der Trainer, der mich seit meinem sechsten Lebensjahr kannte und meiner Meinung nach der beste Trainer der Welt war, würde sich ausschließlich um mich kümmern. Ich würde keine Rücksicht mehr auf die ÖSV-Strukturen nehmen müssen. Ich könnte ohne Kompromisse meinen eigenen Weg gehen.

Es wurde das „Oder".

Ich wusste, es war ein enormes Risiko für uns beide – allein finanziell: Jeder Flug, jedes Hotelzimmer, jeder Autokilometer, jeder Trainingstag ging auf mein Konto, dazu natürlich Robis Gehalt. Aber ich wollte das Risiko. Denn ein Rennläufer ist wie ein Unternehmer: Wer nichts investiert, kann auch nichts gewinnen.

Wir dachten, unser Weg sei ein Weg neben dem Verband – es wurde zum Teil ein Weg gegen den Verband.

Unsere Entscheidung war für den ÖSV ein Schock. Als ich beim Präsidenten war, um ihm meine Entscheidung mitzuteilen, war der gelinde gesagt alles andere als erfreut. Zwei-, dreimal trafen wir uns noch zu Verhandlungen, Diskussionen. Wir versuchten, die Modalitäten zu klären, versuchten einen Weg zu finden, der für beide Seiten akzeptabel sein konnte.

Peter Schröcksnadel, erfolgreich als Unternehmer und als Präsident des Skiverbandes, war natürlich schlau genug, um zu erkennen, welche Gefahr eine „Abspaltung" seines besten Läufers bedeutete:

Das „Beispiel Mader" könnte Schule machen, auch andere Läufer könnten auf die Idee kommen, eigene Wege zu gehen. Ich könnte der Schneeball sein, der eine ganze Lawine auslöst.

Die Sponsoren könnten den Eindruck gewinnen, der ÖSV würde zerbröckeln.

Die Medien könnten das sportliche Monopol des Skiverbandes in Zweifel ziehen.

Natürlich war mir Schröcksnadels Standpunkt bewusst, ich hatte auch Verständnis für seine Befürchtungen. Er stand unter enormem Druck. Wahrscheinlich hätte auch ich an seiner Stelle versucht, den besten Läufer mit aller Kraft an den Verband zu binden.

Aber wahrscheinlich hätte auch er an meiner Stelle genau so gehandelt, wie ich damals handelte:

Ich ging. Robi und ich starteten im Mai 1992 das große Abenteuer Alleingang.

Die „Ganze Woche" schrieb: „Eineinhalb Jahrzehnte nach dem Abgang von Marc Girardelli hat der österreichische Skisport den Fall Günther Mader."

Als er merkte, dass ich nicht mehr umzustimmen war, schwenkte Schröcksnadel – zumindest öffentlich – ein. In „News" sagte er: „Wir begrüßen Maders Initiative!" Eine nach den knochenharten Verhandlungen doch überraschende Aussage ...

Das Gefühl im Sommer war so, als würden Robi und ich in einer Rakete zum Mars sitzen, der Countdown auf Null. Vor uns eine Mission ins Ungewisse.

Wir wussten: Wenn ich im nächsten Winter nichts zusammenbringe, sind wir die Trottel der Nation.

Welche Kräfte Robi nun frei machte, war verblüffend. Wie er sich ins Zeug legte, um alles zu organisieren und dabei mit meinem Geld so sparsam wie möglich umzugehen, das war unglaublich. Wenn es nötig war, mit einem Pistenchef auf einem Gletscher fünf Schnäpse zu trinken, damit ihm der die Piste in der Nacht präparierte und wir um sechs Uhr früh perfekte Bedingungen für unser Training hatten, dann trank er fünf Schnäpse mit ihm. Wenn zehn Schnäpse nötig waren, dann zehn. Und wenn er den Pistenchef erst um vier Uhr früh so weit hatte, dass der noch einmal rausfuhr mit der Raupe, dann stand der Robi trotzdem um sechs da, als wäre nichts gewesen.

Den Robi hat damals sein Wahnsinn angetrieben. Seine unglaubliche Ski-Besessenheit, die ich bei niemand anderem kennen gelernt habe, weder vorher noch nachher. Er hat einen Leistungswillen, eine Zielorientiertheit, die man sich gar nicht vorstellen kann. Er investiert alles, was möglich ist, um zum Ziel zu kommen – und wenn's nötig ist, auch das Doppelte davon.

Wir hatten es ja an mehreren Fronten nicht leicht.

Front eins war die politische ÖSV-Front. Da wurde von Verbandsseite ein bisschen Slalom gefahren, was

DER SPÄTSTARTER
St. Anton, Jänner 1993: Günther rast im Super-G und in der Abfahrt jeweils auf Rang drei. In der Presse tauchen plötzlich Meldungen auf, wonach er „nicht Abfahrt und Super-G, sondern nur die technischen Disziplinen" mit Rober Trenkwalder trainiert habe ...

die Strategie uns gegenüber betraf: Nach außen waren die Worte freundlich, unter der Hand wurde das Gerücht gestreut, wir würden den Verband „zerstören" wollen, würden eine Revolution planen.

Front zwei war die sportliche ÖSV-Front. Der neue ÖSV-Cheftrainer Werner Margreiter sagte bei seinem Antritts-Meeting: „Für manche alten Bäume im Team wird's nicht leicht werden." Das war ziemlich eindeutig auf mich gemünzt, obwohl ich im Vorjahr immerhin den einzigen österreichischen Sieg in einem Weltcup-Rennen errungen und damit eine historische Blamage verhindert hatte. (Und es war auf meinen Freund Berni Gstrein gemünzt, der aber – nie auf den Mund gefallen – wie aus der Pistole geschossen antwortete: „Aber die alten Bäume, Herr Margreiter, stehen am längsten." Margreiter zog einen hochroten Kopf auf.)

Front drei war die Ski-Entwicklung: Die Voraussetzungen waren ja gut, Fischer eine gute Firma. Aber es stand jener legendäre Ingenieur im Weg, der dem Klammer Franzi die Raketen unter die Füße gebaut hatte – aber diese Wunderdinge waren ein Jahrzehnt und länger her. Wir wollten entwickeln, brauchten endlich in allen Disziplinen konkurrenzfähiges Material. Dagegen wehrte sich der Ingenieur mit allen Mitteln.

Man kann sich vorstellen, dass Robi auch relativ direkt geworden ist – aber wir mussten aufpassen: Denn ich stand finanziell unter großem Druck. Ich war vom Fischer-Geld abhängig.

Wir hatten ein kleines Team, das rund um die Uhr arbeitete: Christian Zulehner war Servicemann, mein Bruder Stephan für die Schuhe verantwortlich – und die beiden kümmerten sich auch ums Video, schleppten Stangen, assistierten Robi wo immer möglich. Robi selbst schuftete wie zwei Trainer, dazu war er Manager, Teamchef und Sekretärin. Es war eine wilde Zeit.

Robi hatte für die Vorbereitung Orte gesucht, an denen sonst niemand trainierte – zumindest keine ÖSV-Mannschaft. „Wir machen ja kein Showtraining", sagte er, „wir lassen uns nicht in die Karten schauen." Im Frühjahr waren wir sogar in Amerika, in Oregon, trainierten mit dem amerikanischen und dem kanadischen Snowboard-Nationalteam. Später am Stilfser Joch, wo sich die Girardellis mit den Leuten zerstritten hatten und wir am schnellsten reagierten – Robi organisierte sogar, dass die Piste zur einen Hälfte für die Herren Tomba und Mader zur Verfügung stand und zur anderen Hälfte für den Rest der Welt. Und er organisierte, dass unser Viertel oft sogar besser präpariert war als das vom großen Herrn Tomba ...

Dazu probierten wir dauernd Neues im Training; vieles, was wir in diesem Sommer probierten, habe ich Jahre später in einigen Nationalteams gesehen ...

Ende November startete in Sestriere die Saison.

Und ich war nicht einmal nirgendwo.

Okay, ich war kurz vor der Saison krank gewesen, war noch nicht am Damm, wir hatten sogar überlegt, zu Beginn der Saison nicht zu starten – aber das hätte nach Kneifen ausgesehen. Und wir brauchten auch jedes Rennen als Qualifikations-Chance für die WM.

Außerdem ließ es sich nicht verleugnen, dass wir im Slalom mit dem Material keinen Schritt vorwärts geschafft hatten – im Gegenteil. Die anderen hatten uns einen weiteren Schritt abgehängt.

In den schnellen Disziplinen lief's halbwegs: Vor Weihnachten holte ich in Garmisch einen neunten Platz.

Zwischen Weihnachten und Neujahr hatten wir ein paar Trainings- und Testtage, ich war wieder fit, und im neuen Jahr ging's schlagartig besser – Dritter in den Abfahrten von Garmisch und St. Anton, Dritter im Super-G von St. Anton. Meine Aufholjagd begann.

Wir ließen uns auch nicht von einer Pressemeldung stoppen, in der stand, dass „Günther Mader nur Slalom und Riesenslalom mit seinem Privattrainer Trenkwalder trainiert" habe, „Abfahrt und Super-G aber mit der österreichischen Nationalmannschaft".

Das war eine unglaubliche Lüge und Gemeinheit.

Da versuchte jemand wirklich mit allen Mitteln, das unbequeme Projekt Mader/Trenkwalder zu gefährden. Vor allem der Gerechtigkeitsfanatiker Robi litt unter dieser Meldung sehr – dem sprichwörtlichen Tüpfelchen auf dem i. Man sah ihm an, dass er sogar knapp dran war, ans Aufgeben zu denken – nicht weil er keine Kraft mehr für den Kampf gehabt hätte, sondern um mich zu schonen. Er merkte ja, dass die Intrigen, die hinter unseren Rücken gesponnen wurden, auch an mir nicht spurlos vorübergingen. Ich fuhr alles andere als unbeschwert ...

Trotzdem ging's aufwärts – sogar in den technischen Disziplinen: Ein elfter Platz im „Riesen" und ein achter im Slalom in Veysonnaz machten vor der WM Mut.

In Morioka lief's aber dann überhaupt nicht. Die Abfahrt war keine Abfahrt, sondern anspruchsvoll wie der Anlauf einer Skisprungschanze. Dazu der Wind – es war eine sportlich wertlose Lotterie.

In der Kombination wurde ich Vierter, im Riesenslalom 18., in der Abfahrt 17., der Super-G wurde wegen des Wetter-Chaos nicht ausgetragen. Was niemanden besonders freute, mich aber am allerwenigsten: Im letzten Super-G vor Morioka war ich Dritter gewesen. (Den ersten Super-G nach der WM, den in Whistler Mountain, sollte ich dann gewinnen.)

Was ich aus Morioka mitnahm, war die Hoffnung, das bizarre Ereignis so schnell wie möglich zu vergessen.

Bilanz der Saison 1992/93: Platz vier im Gesamt-Weltcup, genau drei Punkte hinter Franz Heinzer. Girardelli wurde vor Aamodt Gesamt-Weltcup-Sieger.

Beim Finale in Aare, wo ich Platz drei im Gesamt-Weltcup so lächerlich knapp verpasste, hatte es eigenartigerweise kein Hotelzimmer und keine Akkreditierung für Robi Trenkwalder gegeben – „leider", sagte jemand. Es wurden wirklich alle Mittel eingesetzt ...

Der vierte Platz war mein zweitbestes Resultat nach dem dritten Platz 1989/90. Seit 1979/80 hatten nur zwei Österreicher besser abgeschnitten: Hubsi Strolz als Dritter 87/88, Rudi Nierlich als Dritter 1990/91.

Dennoch erleichterte der vierte Platz unsere Gespräche mit dem Verband im Sommer nicht. Wobei das Wort „Gespräche" in der Mehrzahl nicht richtig verwendet ist – es gab eines. Ein einziges. Dabei wurde uns knapp mitgeteilt, dass man das Projekt Mader/Trenkwalder von ÖSV-Seite als gescheitert betrachte. Und damit gleich bedeutend: als beendet. Platz drei im

HERRLICHE AUSSICHTEN
Platz fünf zu Saisonbeginn beim Riesentorlauf in Sölden – der Start in die Saison 93/94 verlief nach einem Sommer voller rechtsanwaltlichem Briefverkehr vielversprechend. Und zu Weihnachten sollte es sogar so aussehen, als würde es Günthers ganz großes Jahr werden.

Gesamt-Weltcup war verpasst, damit war die Chance vertan – „leider“, sagte jemand. Punkt, aus, basta.

Robi bot mir wieder an, das Projekt zu beenden. Er sagte: „Wenn wir trotzdem weitermachen wollen, artet das aus, Günther. Dann geht's über die Rechtsanwälte.“

Ich sagte: „Dann geht's halt über die Anwälte.“

Was folgte, war ein Sommer, in dem ein paar Rechtsanwälte ihren Urlaub verschieben mussten und ein neuer Budget-Posten im Projekt Mader/Trenkwalder einkalkuliert werden musste: „Rechtsberatung“. Und es war ein Sommer, in dem nicht viel gefehlt hätte, und wir hätten das Bosman-Urteil, das erst zweieinhalb Jahre später den professionellen Sport verändern sollte, ein bisschen vorweggenommen.

Erst als der ÖSV merkte, dass wir felsenfest entschlossen waren, unseren Weg weiterzugehen, folgte eine Einigung – eine typisch österreichische.

Im Oktober schrieb die Austria Presse Agentur: „Nach einem Konsens mit dem ÖSV, der ihm die Rückkehr in den Schoß der Mannschaft vorschrieb, hat der 29-Jährige weiterhin den von ihm finanzierten Wunschbetreuer zur Verfügung.“ Ähnlich kompliziert wie der Satz in der APA-Meldung war auch die neue Regelung zu Robis Zusammenarbeit mit mir: Robi durfte zwar bei allen Kursen und bei allen Rennen „präsent“ sein, aber es gab einen genauen Verhaltenskodex. Ich trainierte also offiziell mit dem ÖSV, war, wie die APA schrieb, in die „Obhut der Mannschaft zurückgekehrt“.

Praktisch änderte sich wenig. Robi war weiterhin allein für mein Training verantwortlich, und es lief im Sommer (abgesehen von den Terminen beim Anwalt) alles einfacher ab als im Jahr zuvor – wir hatten unsere Erfahrungen gesammelt.

Es gelang uns sogar, die Riesenslalom-Ski weiter zu entwickeln – langsam begann sich unsere mühevolle Kleinarbeit auszuzahlen. Unter gewissen Bedingungen waren wir sogar vorne dabei: Auf aggressivem Kunstschnee funktionierten die Riesenslalom-Fischer richtig gut; erst wenn es eisig wurde, hielten sie einfach nicht, da waren wir wieder im Niemandsland zuhause.

Aber weder beim Saison-Auftakt auf dem Söldener Gletscher noch vier Wochen später in Park City gab's Eis. Die Bedingungen passten, sofort passten auch die Platzierungen: In Sölden wurde ich als bester Österreicher Fünfter (für Robi war „leider“ wieder einmal keine Akkreditierung möglich), in Park City gewann ich den Riesenslalom – den zweiten meiner Karriere, vier Jahre nach Mount St. Anne 89. Der ÖSV sprach von einem „sehr schönen Erfolg für uns, wir haben speziell auf den Riesenslalom hintrainiert!“ Das zielgerichtete Training hatte Christian Mayer als zweitbesten Österreicher auf Platz zehn gebracht, drei weitere ÖSV-Läufer zwischen Platz zehn und 14 ...

In Park City reichte mir ein fünfter Slalom-Platz zum Gewinn einer typisch amerikanischen Kombination: Ein privater Sponsor hatte Geld für den besten Skifahrer des Wochenendes ausgesetzt – das Geld, es war ein ziemlicher Batzen, floss in die Kasse unseres Projekts. Die Budget-Spritze war sehr willkommen. Ich konnte endlich meine letzten Schulden, die ich bei Robi noch aus der Vorsaison hatte, bezahlen.

DIE MÄNNER DER STUNDE

Im Uhrzeigersinn: Besonders windschlüpfig wollten wir nur auf der Piste sein – ansonsten gab's 1992 jede Menge Widerstand! Mit ÖSV-Herrencheftrainer Werner Margreiter ebenso wie mit ÖSV-Präsident Peter Schröcksnadel. Aber wohin's ging, wusste Trenkwalder bald: aufwärts!

KOMMT EIN MADER GEFLOGEN ...
Kitzbühel, Jänner 1995: Ein Jahr vor dem Abfahrts-Triumph siegt Günther im „schwersten Super-G aller Zeiten". In den Abfahrten landet er auf den Plätzen zwölf (Alphand siegt vor Ortlieb) und sechs (wieder Alphand, diesmal vor Armin Assinger).

Dann gewann ich den Super-G in Val d'Isere – 93/94 schien die Saison des Günther Mader zu werden.

Die Zwischenbilanz zu Weihnachten war großartig: Zwei Siege (Riesenslalom Park City, Super-G Val d'Isere), ein vierter und ein fünfter Platz in den Riesenslaloms von Alta Badia und Sölden, ein fünfter Platz beim Slalom in Park City, ein neunter in Madonna, je ein zehnter in Stoneham und Sestriere – ich war auf dem Weg zum perfekten Allrounder. Die drei Jahre härtester Entwicklungsarbeit mit Fischer, die vielen, vielen Stunden, die Stephan und ich an den Schuhen getüftelt hatten (übrigens mit so viel Erfolg, dass Lange eine von uns entwickelte Schale sogar übernahm) – all der irre Einsatz schien sich bezahlt zu machen.

Ich war 28, und es gab nur mehr zwei große Ziele: den Gesamt-Weltcup und diesen einen Abfahrts-Sieg, der die Sammlung der Siege komplettieren würde, die Mission des Allrounders vollenden, die 1970 in Gries am Brenner begonnen hatte.

Stutzig machten mich nur die Abfahrts-Resultate auf den neuen Ski: Die Plätze 29 und 58 in Gröden waren grottenschlecht, auch wenn ich Gröden eigentlich nie gemocht hatte (und Gröden mich nie). Als noch vor Weihnachten aber Platz sieben in Bormio gelang, getreu dem Abfahrts-Motto „je schwerer, desto Mader“, war ich aber auch in puncto Abfahrt ziemlich beruhigt.

Über Weihnachten führte ich im Gesamt-Weltcup – zum ersten Mal in meiner Karriere. Und allgemein war im Skizirkus bekannt, dass Günther Mader erst nach Weihnachten zur vollen Form aufläuft …

Im Jänner spitzte sich die Situation in der Abfahrt aber dramatisch zu – meine Platzierungen waren grotesk: 23. in Saalbach, 29. in Kitzbühel (drei Sekunden hinter Sieger Patrick Ortlieb!), nach einem Sturz 67. in Wengen, 31. in Chamonix, zweieinhalb Sekunden hinter Kjetil-Andre Aamodt, meinem schärfsten Gegner im Kampf um die große Kugel.

Nicht nur die Weltcup-Entscheidung, sondern auch die Olympischen Spiele in Lillehammer rückten näher.

Den Grund für die absurd schlechten Abfahrts-Resultate kannte ich – es waren die neuen Abfahrts-Ski, die sich mein Freund, der Ingenieur aus Oberösterreich, im Sommer hatte einfallen lassen. Er hatte die Taillierung kurzerhand geändert.

Meine Markenkollegen kamen mit den Neuerungen gut zurecht: Runggaldier wurde Zweiter und Ghedina Vierter in Wengen, Skaardal wurde Dritter in Saalbach. Für sie war die neue Taillierung in schwierigen Kurven wohl sogar ein Vorteil – für mich war sie ein Nachteil. Ich hatte ja den Schwung dank meiner viel besseren Riesenslalom-Technik auch mit der alten Taillierung fertig gebracht. Ich tat mir mit der neuen schwerer.

Als im Jänner die Pisten eisiger waren, schrumpften auch meine Riesenslalom-Erfolge wieder auf bekanntes Maß zurück, in Hinterstoder zerriss es mir während der Fahrt die Bindung – was blöd aussah, nämlich so, als hätte ich während der Fahrt die Lust verloren …

Was ich wirklich verlor, war meine Weltcup-Führung an Aamodt. Gerade rechtzeitig vor Lillehammer. (Später sollten mich sogar noch Girardelli und Tomba überholen – am Schluss blieb mir dann nur Platz vier.)

Lillehammer wurde eine Olympia-Tragödie, die ihren Höhepunkt im Training für die Abfahrt fand. In einer Steilkurve der Piste in Kvitfjell flog ich bei 80 km/h völlig ohne Vorwarnung brutal ab. Zuerst dachte ich, die Bindung sei zersprungen wie in Hinterstoder. Aber dann sah ich, dass der Ski zerborsten war, zerrissen. Nur mehr die Kanten hielten ihn zusammen. Wir fanden noch am selben Nachmittag heraus, woran's lag: In dem Ski, mit dem ich zu Olympia geschickt worden war, steckte das billigste Holz. Mein Freund in Ried hatte ein paar Schilling sparen wollen. Und brachte dadurch nicht nur meinen Start bei den Spielen, sondern sogar mein Leben in Gefahr. Den Ski hätte es ja nicht unbedingt bei 80 km/h zerreißen müssen …

Wir hätten mit unserem Material gute Medaillen-Chancen gehabt, wenn es in Lillehammer wärmer gewesen wäre als minus 15 Grad. Aber den Gefallen tat uns das Wetter nicht: 30 Grad, tagelang. Im Riesenslalom rutschte ich auf dem norwegischen Eis auf Platz elf, im Super-G auf Platz neun, in der Kombi wurde ich als bester Nicht-Norweger Vierter hinter Kjus, Aamodt und Strand-Nilsen. In der Abfahrt zu Beginn war es Platz 19 geworden, nachdem wir täglich 30 Paar Ski getestet hatten – und dann der Servicemann zum Spaß auf einen nicht präparierten Ski ein Tubenwachs drückte. Mit dem waren wir ein paar Hundertstel schneller als mit dem schnellsten Wettkampf-Ski.

Im Slalom holte Thomas Stangassinger die einzige österreichische Alpin-Goldene. Auf Fischer. Auf Fischer? Ja, auf dem Ski vom Vorjahr, den hatte er aufgehoben – eine schlaue Entscheidung. Seine wertvolle Antiquität wollte er mir aber, aus seiner Sicht natürlich verständlich, für den olympischen Kombi-Slalom nicht leihen …

In Lillehammer waren – wie üblich bei Olympia – die Chefs der Skifirmen vor Ort, auch die Fischer-Leute. Die überzeugten sich live von unseren Problemen, wurden blass, als sie den zerfetzten Abfahrts-Ski sahen. Folge: Mein Ingenieur Stroi wurde vom Rennlauf abgezogen – im nächsten Jahr hatte Fischer exzellente Ski.

Aber da war ich schon weg. Für mich war das Kapitel Fischer nach dem Trainingssturz in Lillehammer, als es mir den Ski unterm Fuß zerfetzte, abgehakt.

Ich wechselte zu der Marke, die als jüngste in den Skizirkus gekommen war: Die Newcomer hatten erst 1990 ihre ersten Ski gebaut, 1991 die ersten Rennski, sie waren schon 1993 in Morioka zweifacher Weltmeister geworden – mit dem Nobody Urs Lehmann sensationell sogar in der Herren-Abfahrt.

Salomon. Ein wilder, kreativer Haufen, der gar nicht in das traditionelle Bild der Ski-Industrie passte. Salomon eroberte die Szene mit einer neuen Technologie, neuen Ideen, einer neuen Philosophie.

Salomon wollte mich haben. Sie wollten in der Weltspitze Fuß fassen, sie wollten die Wettbewerbsfähigkeit ihrer neuen Monocoque-Technologie beweisen. Sie wollten die Eingesessenen, attackieren. Nicht nur mit mir, auch mit Richie Kröll, Berni Gstrein, Kilian Albrecht – Salomon setzte schon damals auf Österreich.

Und Salomon setzte auf die Monocoque-Technologie. Salomon baute die Ski nicht in der Sandwich-Technik wie alle anderen, sondern umfasste das Innenleben des Skis mit einem Mantel, der in die Kanten auslief.

Der Monocoque war für den Normalverbraucher absolut revolutionär, im Rennsport aber war er uns zu Beginn nicht recht, weil die Weiterentwicklung des Skis, das Feintuning mit ungleich größerem Aufwand verbunden war als bei jeder anderen Skimarke – logisch: In den Sandwich konnte man eine Lage mehr oder weniger einbauen – wenn der Ski zwei Millimeter höher oder weniger hoch wurde, war das egal. Im Monocoque war der Platz auf den Zehntelmillimeter vorgegeben.

Der Monocoque machte es uns am Anfang auch alles andere als leicht. In den schnellen Disziplinen hatten wir zwar Top-Material: Im Super-G waren wir von Anfang an gleichauf mit Atomic und Head, die damals die besten waren. In der Abfahrt war der Rückstand nicht groß. Im Riesenslalom passten zwar die Ergebnisse, aber wir hatten noch viel Aufholbedarf.

Und im Slalom waren wir nirgendwo.

Ohne dass wir es bemerkt hätten: Denn Berni Gstrein und ich testeten die Salomon-Slalomski für 94/95 natürlich schon Ende der Saison 93/94. Aber wir testeten auf dem Gletscher. Und dort hielten die Ski sensationell. Wir waren beide schneller als mit dem vorherigen Material, er schneller als auf Kästle, ich schneller als auf Fischer. Berni und ich strahlten auf dem Gletscher mit der Sonne um die Wette und waren sicher, wir würden die Slalomwelt im nächsten Winter auf den Kopf stellen.

Auf den Kopf stellen, im Slalom? Fehlanzeige. Im Gegenteil: Es schlief uns zu Beginn der Saison 94/95 beim Training auf amerikanischem Kunstschnee das Gesicht ein. Wieder einmal wurde uns vor Augen geführt, dass Gletscher und Kunstschnee nicht nur zwei verschiedene Paar Schuhe, sondern auch verschiedene Ski waren. Die Latten haben nicht gehalten, sind nicht weiter gegangen – nicht nur auf Kunstschnee waren wir hinten nach, sondern auch bei schlechter Piste.

IM SOMMER 94 WECHSELTE DER ROUTINIER ZU DEN WILDEN HUNDEN VON SALOMON

Das bedeutete: Berni konnte sich mit seiner vorderen Startnummer im ersten Lauf runter retten, kriegte im zweiten Lauf mit höherer Startnummer ordentliche Schläg'. Bei mir war's weniger kompliziert: Ich hatte schon im ersten Durchgang Startnummern über fünfzehn, das bedeutete, dass meine Chance auf eine Teilnahme am zweiten eher theoretischer Natur war.

Der Gesamt-Weltcup war selbstverständlich auch in diesem Jahr ein Thema. Aber ich wusste, es war bei allem Enthusiasmus und bei aller Genialität der Leute bei Salomon fast unmöglich, mit einer jungen Skifirma in vier Disziplinen Top-Material zu haben. Es gelang ja nicht einmal den alt eingesessenen …

Der Robi sagte einmal zu mir: „Günther, eigentlich sollte in unserem Vertrag nicht Rennläufer drin stehen. Sondern Entwicklungshelfer."

Am vernünftigsten wäre wohl gewesen, wir hätten den Slalom in diesem Jahr Slalom sein lassen, hätten Alberto Tomba das Feld kampflos überlassen und hätten Berni Gstrein und Kilian Albrecht gemeinsam mit den Salomon-Leuten weiterentwickeln lassen. Aber Robi und ich wollten mit unseren Tiroler Sturschädeln durch die Wand, testeten und entwickelten im Slalom wie die Verrückten. Und wir kamen zwar weiter, aber natürlich sehr, sehr langsam. Die Zeit lief uns davon.

Wir testeten und entwickelten neben dem Monsterprogramm aller Rennen, während Alberto seine Slaloms und Riesenslaloms gewann, einen nach dem anderen, und sich dazwischen erholte.

Was wir im Slalom schafften, waren Teilerfolge: Platz 13 in Furano im Februar war das beste Resultat.

Abgesehen vom Slalom aber lief es in diesem Jahr. Und wir hätten Alberto heftig Gas gegeben im Kampf um die Kugel, wenn wir die Slalom-Ski ein bisschen schneller weiterentwickeln hätten können.

Im Schatten des Superstars wären wir aber auch geblieben, wenn wir Kreise um ihn gefahren wären. Alberto war im Jahr seines einzigen Gesamt-Weltcup-Siegs einer der Stars, wie sie jeder Sport hin und wieder braucht – und die den Sport auf diese gewisse Ebene der Aufmerksamkeit heben, die allen hilft.

Genau drei Worte Deutsch reichten (sein berühmtes „Bussi die Fraulein"), um Alberto auch bei uns zu einem riesengroßen Superstar zu machen.

Als Konkurrent war er fair – natürlich mit kleinen,

DAS DUELL ZWISCHEN ALBERTO UND MIR WAR NICHT NUR EIN DUELL DER RENNLÄUFER, SONDERN AUCH EINES DER IMAGES

DREI „ÜBELTÄTER“ UND EIN FREUND
Lasse Kjus schnappte Günther 1995/96 den Gesamt-Weltcup-Sieg weg, ebenso wie ein Jahr zuvor Alberto Tomba. Patrick Ortlieb holte 1992 jenes Abfahrts-Olympiagold, das Günther um ein Zehntel verpasste. Bild rechts: Günther mit Zimmerkollegen Bernhard Gstrein.

aber sympathischen Mätzchen. Wenn man lesen konnte, dass er die halbe Nacht vorm Rennen in einer Disco getanzt hatte, wusste man natürlich, dass das Teil seiner Inszenierung war: Der Alberto ist um dreiviertel zwölf in die Disco gegangen, hat sein Gesichtsbad genommen, sich beim DJ für alle deutlich sichtbar eine Nummer gewünscht und ist dann wieder (für alle nicht so deutlich sichtbar) abgerauscht. Um zwölf war er im Bett und hat geschnarcht wie jeder andere.

Das Duell zwischen Alberto und mir war nicht nur ein Duell Allrounder gegen Spezialist, sondern auch ein Duell der Images. Und das hat er gewonnen, weil er sich um seine Medien-Auftritte kümmerte, während wir testen und trainieren waren. Alberto ist in den Medien als der lockere Italiener rübergekommen, der zwischen einer Portion Pasta, einem Flirt mit einem Fotomodell und einem Glas Rotwein seine Rennen gewinnt. Ich war im Vergleich der kernige Tiroler.

Alberto hat gewusst, worauf die Zeitungen Appetit haben – und er hat sie sehr schlau gefüttert.

Für sowas hatten wir keine Zeit. Und, ganz ehrlich, auch keine Lust. In die Disco zu gehen, um am nächsten Tag als lockerer Typ in der Zeitung zu stehen? Das hätte zu mir nicht wirklich gepasst. Wenn ich in die Disco gegangen bin, dann für mich und meine Freunde, nicht für die Zeitungen. Und dass es da manchmal ein wenig später geworden ist als dreiviertel zwölf, das mussten wir auch niemandem auf die Nase binden.

Dass ich 1994/95 im Gesamt-Weltcup am Ende hinter Alberto lag, war auch eine Sache, die sich im Kopf entschied. Er war ein sensationeller Rennläufer, mit

DIE STUNDE DES SIEGERS

Ritt am Hausberg, Landung auf den Schultern von Robi Trenkwalder und Stephan Mader, Siegerbild mit Alphand und Runggaldier, Gratulation von Tochter Carina.

extrem guten Nerven. Er hatte aber auch einen handfesten Vorteil: Rossignol, damals größte Skifirma der Welt, stand wie ein Mann hinter Alberto, und auch bei Lange konnte man nicht sicher sein, ob alle anderen Vertragsfahrer – inklusive mir – wirklich die gleichen Schuhe zur Verfügung gestellt bekamen wie „La Bomba".

Im Frühjahr 1995 beging Ski-Österreich ein Jubiläum, das nicht wirklich zu feiern war: Der letzte Weltcup-Gesamtsieg eines Österreichers lag 25 Jahre zurück, ein Vierteljahrhundert.

Auch ich wollte nicht mehr ewig warten – besser gesagt: Ich konnte nicht mehr ewig warten. Mit 31 Jahren stand ich in der 14. Weltcup-Saison. Ganz langsam begannen sich die Batterien zu leeren. Nicht körperlich, da war ich auch dank der Betreuung durch meinen Innsbrucker Konditionstrainer Robert Herz in Top-Form, aber im Kopf. Das brutale Programm der letzten Jahre, der Kampf in allen Disziplinen, daneben die laufende Entwicklung von Material, dazu die dauernden Auseinandersetzungen mit dem Verband.

Zwei Dinge wollte ich noch in Ordnung bringen: den Gesamt-Weltcup, klar. Aber ebenso wichtig war der Abschluss meiner ganz besonderen Sammlung: Nur mehr ein Abfahrts-Sieg fehlte …

Die Situation mit dem ÖSV hatte sich beruhigt – der Verband suchte den Konsens mit dem besten Österreicher im Gesamt-Weltcup (Mario Reiter war 94/95 als zweitbester Österreicher Zehnter), und wir machten es ihnen nicht schwer. Wir waren erleichtert. – Auch das Material hatten wir weiter gebracht, in

Abfahrt und Super-G gehörte der Salomon-Ski zu den schnellsten. Im Riesenslalom war uns ein Schritt vorwärts gelungen, ein fast zu großer sogar – die Ski waren bei brutalen Verhältnissen wahrscheinlich die besten, wenn's aufs Gefühl ankam, waren sie aber zu aggressiv.

Slalom? Da trafen wir eine Entscheidung, die wir ein Jahr zuvor nicht getroffen hatten. Wir verzichteten auf intensives Training und zeit- und nervenaufreibende Tests. Slalom sollte in der kommenden Saison nur Sättigungsbeilage zur Kombination sein.

Wir taten zu Saisonbeginn auch etwas, das wir sonst nie getan hatten: Wir ließen den Riesenslalom in Tignes aus, stiegen erst in Park City ein. Der Start in den USA war trotzdem alles andere als berauschend, während Lasse Kjus startete wie aus der Pistole geschossen. Es war eigentlich schon früh klar, dass in diesem Winter niemand eine Chance gegen den Elch haben würde.

Dann ging's nach Kitzbühel. Dort hatte ich mich immer wohl gefühlt, hatte ein Jahr zuvor den Super-G gewonnen, den Armin Assinger als den „schwersten Super-G, seit es Super-G gibt" bezeichnete (drei Tage davor hatte Salomon sein neues „Pro-Link" vorgestellt – gutes Timing!). Kitzbühel 1996 zeigte sich von seiner besten Seite. Die Piste war in einem perfekten Zustand, und sie war pickelhart: Über eine Woche war tagsüber der Föhn über die Streif gefahren, in der Nacht fielen die Temperaturen unter Null. Folge: Wir fuhren auf einer Piste, die glatt war wie Parkett – aber alles andere als eben. Es war extrem unruhig, schnell, brutal.

Das erste Training musste abgesagt werden, das zweite war das wohl ärgste Training, das ich je erlebt habe. Die halbe erste Gruppe zerschellte an der Streif – Pepi Strobl, Andi Schifferer, Lasse Kjus stürzten schwer, Lasse und Schiffi wurden sogar mit dem Hubschrauber abtransportiert. Lasse hatte es direkt vor mir zerrissen, ich wurde am Hausberg abgewunken. Und stand dort, während unten der mit Abstand beste Skifahrer dieser Saison vom Hubschrauber abtransportiert wurde. Kein angenehmes Gefühl ...

Ich hatte das Recht, ein zweites Mal zu fahren.

Ich wusste: Es wäre ein großer Vorteil, die Strecke noch einmal zu fahren. Ich wusste aber auch: Meine Schenkel waren blau, die Strecke brutaler denn je, einige der besten Läufer der Welt hatte es zerrissen wie Marionetten, Schiffi und Lasse lagen im Spital. Ich wusste: Dieser zweite Trainingslauf war eine große Chance – und ein riesiges Risiko.

Dann stand ich da an der Hausbergkante, von unten knatterten die Rotoren des Rettungshubschraubers, ich atmete tief durch und sagte zu mir:

Scheiß dich nicht an. Nutz die Chance.

Das Gefühl im Bauch war mulmig, als ich in den Helikopter stieg, ich machte noch einen makaberen Scherz von wegen „hoffentlich mein einziger Hubschrauberflug heute", am Start war zum Glück noch der Servicemann von Didier Cuche.

Als ich im Ziel war, atmete ich tief durch. Und wusste: Es hatte sich ausgezahlt, das Risiko zu nehmen. Ich hatte als einziger aller Samstag-Starter zwei Trainingsfahrten in den Beinen. Dazu meine Routine als Trumpf. Dazu meine Technik, die mir gerade bei den schwierigen

Verhältnissen zugute kam. Dazu die Streif – eine meiner liebsten, wenn nicht überhaupt meine liebste Strecke.

Die Gedanken, die mir in den Tagen und Stunden bis zum Rennen durch den Kopf gingen, waren groß und schwer, fast pathetisch: Das war sicherlich die größte, vielleicht sogar eine der letzten Chancen auf diesen Abfahrts-Sieg, der mir in der Sammlung fehlte. Nur der eine Sieg fehlte, um unser Ziel des „perfekten Skifahrers" zu erreichen. Da war mehr Kribbeln im Bauch als sonst. Viel mehr.

Was dagegen zu tun war? Nichts. Als am Freitag das Abschlusstraining abgesagt wurde, gingen Robi und ich Slalom trainieren.

Business as usual. Zumindest nach außen …

100,79 km/h Schnitt, 1:54,29 Minuten – Samstag am frühen Nachmittag stand er fest, der wahrscheinlich größte Erfolg meiner aktiven Laufbahn. Im 330. Weltcup-Rennen, in der 13. Weltcup-Saison.

Ich fühlte mich sehr, sehr, sehr leicht. Befreit.

Interviews, Pressekonferenz, die Siegerehrung, Riesenjubel überall, ein Durcheinander – es war das Nachher sicher anstrengender als das Rennen selbst. Und einen kleinen Sprint musste ich auch noch einlegen: Beim Autogrammeschreiben bat ich einen Fan, mir meine Ski doch zu halten. Dann schrieb ich und schrieb, drehte mich um – meine Ski waren weg! Zum Glück gab's unter den 40.000 Zuschauern aber nur einen, der mit 2,19er-Latten herumlief, deswegen hatte ich den Souvenirjäger schnell ausgemacht und – in Skischuhen! – auch schnell eingeholt. Dem armen Kerl war das unendlich peinlich; ich hab ihn dann laufen lassen … die Kitz-Sieg-Amnestie.

So einen Tag ganz einfach zu genießen, wird einem alles andere als leicht gemacht. Hunderte Male musst du dieselben Fragen beantworten, Gratulationen von Menschen entgegennehmen, die du nicht kennst (oder auch von solchen, die du lieber nicht so gut kennen würdest), jeder will etwas von dir, jeder klopft dir auf die Schulter, jeder drängt sich um dich – natürlich ist das auch angenehm, aber ermüdend, anstrengend, und mich im Mittelpunkt zu inszenieren, das war ohnehin nie das, was ich am besten konnte.

Charly Pointner schrieb in der „Kronenzeitung" am nächsten Tag: „Dieser Sieg hebt Mader in den Olymp des Skisports." Solche Sätze wiederum lesen sich dann schon ziemlich gut …

Irgendein Journalist fragte am Samstag noch, ob ich mir nach meinem Triumph und der Verletzung von Lasse nach seinem Trainingssturz Hoffnungen auf den Weltcup-Gesamtsieg machen würde.

Ich schüttelte den Kopf und sagte: Nein, der Lasse ist heuer der Beste. Ich will den Gesamt-Weltcup nicht gewinnen, nur weil sich der Beste verletzt hat.

Am nächsten Tag stand das in der Zeitung. Ein paar sprachen mich drauf an, ob ich wahnsinnig geworden sei – man müsse professioneller sein und sich vermarkten und Schlagzeilen produzieren wie „Jetzt greift Mader nach dem Gesamt-Weltcup".

Andere sagten: Toll, wie fair du bist.

Mir waren die zweiten lieber.

„... DANN HAT MAN SICH VERDIENT, DASS MAN SICH EINEN MOMENT NICHT BEHERRSCHEN BRAUCHT"

Für den ganz großen Triumph hat sich der ganz große Außenseiter den perfekten Ort ausgesucht – jenen mit dem ganz großen Rennen. Robert Trenkwalder mit seinen ganz persönlichen Erinnerungen an Günthers triumphalen Kitzbühel-Sieg 1996.

TRÄNEN DER FREUDE

Es gab im Lauf des frühen Nachmittags des 13. Jänner 1996 einen Moment, in dem Robert Trenkwalder, was er sonst nicht oft tut, zu weinen begann. Aus Freude, aus Zorn, aus Erleichterung, aus Rührung. Wie es zu diesem Cocktail an Emotionen kam, erzählt er auf den folgenden Seiten.

Auch Trainer haben Lieblingsstrecken. Die Lieblingsstrecke von Robert Trenkwalder ist die Kitzbüheler Streif, „weil sie alles in sich vereint, was eine Abfahrt in sich vereinen soll“, sagt er. „Kitz ist der Prototyp einer Abfahrt.“

Trenkwalder hat Kitzbühel studiert. Er kennt jeden Zentimeter der Strecke: Er ist sie – „wovon ich sonst nix halte“ – im Sommer 1995 abgegangen.

Erstes Ergebnis der Trenkwalderschen Expedition in die Geheimnisse einer Rennstrecke: Am 13. Jänner 1996 fand Günther Mader auf der Streif eine Linie, die ihn zum lang ersehnten ersten Abfahrts-Triumph führte. Günther siegte in der Rekordzeit von 1:54,29 Minuten zwölf Hundertstel vor dem großen Favoriten Luc Alphand, 19 vor Peter Runggaldier. Damit hatte Günther als einziger Österreicher der Skigeschichte Weltcup-Rennen in fünf Disziplinen gewonnen, stellte sich in eine Reihe mit jenen, die diese Leistung vor ihm erbracht hatten, mit Pirmin Zurbriggen und Marc Girardelli. Später sollte Kjetil Andre Aamodt das Quartett der besten Allrounder aller Zeiten komplettieren.

Kitzbühel 1996 sollte Günthers einziger Abfahrtssieg bleiben – ihn den verpassen zu lassen wäre eine schreiende Ungerechtigkeit des Schicksals gewesen: 1992 in Albertville war Günther als Olympia-Bronzener zehn Hundertstel hinter Patrick Ortlieb geblieben, vier Wochen danach in Panorama ein Hundertstel hinter William Besse. Jänner 93 in Garmisch: 17 Hundertstel zwischen Sieger Franz Heinzer und Drittem Günther Mader, sechs Tage danach in St. Anton 21 Hundertstel. Im Dezember 94 hatten in Val d' Isere 27 Hundertstel auf Pepi Strobl gefehlt, der seine erste Weltcup-Abfahrt gewann, mit Startnummer 61.

Zweites Ergebnis des wohl akribischsten Streif-Studiums, das je ein Trainer betrieben hat: Trenkwalders Schilderung der Strecke liest sich wie eine Kamerafahrt.

„Du brauchst schon ein Riesenherz, um dich überhaupt wegzustoßen. Und kaum bist du aus dem Starthaus draußen, bist du mitten im Getöse … Mausefalle, Sprung, U-Hakerl, Steilhang Einfahrt, Steilhang Ausfahrt, erst da kommst du das erste Mal zum Schnaufen, kannst einen klaren Gedanken fassen. Dann brauchst du gewaltige Gleiteigenschaften diesen elend langweiligen

… DA REISST'S DICH GANZ FÜRCHTERLICH, DANN RAST DU ÜBER DIE HAUSBERGKANTE …

Kirchweg raus – und hast auf einmal jede Menge Zeit. Es kommt dir vor wie Stunden, vor allem, wenn du vorher alles gut erwischt hast. Da geht dir alles durch den Kopf: Was unten passieren kann und soll und wird, wie viele Leut' dort stehen, wie viele Leut' im Fernsehen zuschauen, tausend Sachen. Außerdem kannst du nur hoffen und beten, dass du einen schnellen Ski hast, weil sonst hast du oben völlig umsonst dein Leben riskiert.

Dann Seidlalm, Lärchenschuss. Passagen, von denen viele glauben, die brauchen sie nur zu fahren, um sich vorzubereiten auf den Hausberg draußen. Ein riesiger Irrtum: Da steckt in der einen Kurve allein schon eine Sekunde drin. Dann zum Hausberg, du hast ungefähr im Gefühl, wie du liegst, und du bist eigentlich schon fix und fertig, und genau da, genau, wenn du zum Hausberg hinkommst, nehmen sie die letzte Zwischenzeit, und es plärrt dir der Lautsprecher zwei Meter neben dir ins Ohr, wahnsinnig laut: BES-TE-ZWISCHEN-ZEIT-BESTE-ZWI-SCHENZEIT, da reißt's dich ganz fürchterlich, dann rast du über die Hausbergkante drüber, und auf einmal siehst du, dass unten alles nur schwarz ist vor lauter Leuten, und alle schreien, und du denkst dir, dass du mit deiner besten Zwischenzeit da unten beim Zielschuss nicht mehr Kopf und Kragen riskieren brauchst ... dann der Zielsprung rein ins Flache ... und dann bist du Fünfter."

Robert Trenkwalder ist der Streif, man hört's, mit großer emotionaler Tiefe verbunden. Zum Ausgleich scheint da eine Art höheres Verständnis zu herrschen:

„*Im Oktober '95 hab ich zufällig einen ehemaligen Schulkollegen getroffen, der in der Zwischenzeit Hauptschuldirektor von Telfs geworden ist. Wir hatten uns eine Ewigkeit nicht gesehen, es war also ausreichend was zu bereden, und auf einmal war's sehr spät in der Nacht, aber wir beide nicht nur tatendurstig. Gelandet sind wir beim McDonald's, weil wir nirgends mehr sonst was zu trinken gekriegt haben. Sind wir also da gesessen mit unseren Pappbechern beim Bier. Und ich hab gesagt:*

‚Der Günther wird in diesem Winter eine Abfahrt gewinnen. Das wird sein Meisterstück sein.'

‚Wir arbeiten darauf hin', hab ich gesagt, ‚dass wir in Kitzbühel gewinnen.'

Mein Freund hat den Kopf geschüttelt und das Gesicht verzogen.

Ich: ‚Was willst wetten?'

Er: ‚Einen Tausender.'

Dann haben wir eingeschlagen, und so hab ich einen Tausender auf einen Abfahrtssieg vom Günther in Kitzbühel gewettet."

Niemand erwartete, dass Günther mit 31 Jahren in der 15. Weltcup-Saison den ganz großen Traum vom Sieg in der letzten Disziplin würde wahr machen können.

Außer Robert Trenkwalder.

Es war nicht nur die erhebliche Bierlaune, die ihn in jener Nacht so zuversichtlich machte. Er hatte tatsächlich bereits begonnen, am Projekt Kitzbühel-Sieg zu arbeiten. Ganz konkret. Sehr zielstrebig, sehr präzise und sehr geheim.

„*Eigentlich dürft' ich das ja nicht verraten: Ich habe im Trainingsaufbau für 95/96 ein wahnsinnig großes Risiko genommen, ein eigentlich unverantwortliches Risiko. Nicht einmal dem Günther hab ich es gesagt.*

Ich habe nämlich den Höhepunkt der Saison in der Planung ganz bewusst auf Kitzbühel gelegt. Ich habe gewusst: Dafür müssen wir uns nicht qualifizieren wie für eine WM oder für Olympische Spiele, da ist keine Unsicherheit. Da sind wir dabei, das ist ein Fixpunkt, und nach diesem Fixpunkt orientiere ich mich."

Die Hausaufgaben, wie von einem gelernten Volksschullehrer und karenzierten -direktor nicht anders zu erwarten, die Hausaufgaben vor der großen Prüfung wurden mit der peinlichsten Genauigkeit gemacht.

„*Ich hatte mich mit Kitzbühel schon jahrelang beschäftigt. Günther hat davor zwei, drei Jahre immer denselben Fehler gemacht. Es ist ein ziemlich einfacher, eigentlich sogar blöder Fehler – aber einer, den viele auch viele Jahre später noch machen. Auf diesen Fehler bin ich 1995 draufgekommen und im Sommer drauf, beim Abgehen der Strecke, bin ich lange an dieser Stelle gestanden und hab nachgedacht, was man tun könnte.*

Dann hatte ich eine Idee. Die Idee hat mir immer besser gefallen. Am Schluss sogar so gut, dass ich eigentlich überzeugt war: Der Günther gewinnt heuer Kitz.

Und ab der Wette im Oktober ist mir der Gedanke überhaupt nicht mehr aus dem Kopf gegangen: Der Günther gewinnt Kitzbühel, der vollendet dort seine große Mission vom Allrounder, der in allen Disziplinen ein Rennen gewonnen hat. Er vollendet sie in Kitzbühel, auf der schwersten Abfahrt der Welt.“

Zweite Jänner-Woche 1996, Kitzbühel.

Die eine Karte, auf die Trenkwalder in der Vorbereitung alles gesetzt hatte, auf eigene Faust, ohne seinen Schützling in das Va-banque-Spiel einzuweihen.

Günthers vorherige Abfahrts-Ergebnisse in dieser Saison waren nicht berauschend gewesen – Siebenter in Vail und Bormio, Vierter in Val d'Isere, Zwölfter in Gröden. Favoriten waren andere, da war Lasse Kjus, Zweiter in Vail und Sieger in Bormio, Zweiter im Abfahrts-Weltcup. Und da war vor allem Luc Alphand. Er hatte Val d'Isere und Vail gewonnen, war in Gröden Dritter geworden. Alphand war der große Abfahrer der Zeit, beinahe unantastbar. Er führte im Abfahrts-Weltcup. Er sollte ihn in dieser Saison gewinnen, ebenso in der nächsten und der übernächsten.

Das erste Training in Kitzbühel verlief selbst für raue Kitzbüheler Verhältnisse extrem.

„Es war ein Mördertraining. Der Schnee war so schnell, wie ich ihn in Kitzbühel noch nie erlebt hatte. Und dadurch, dass der Schnee nicht nur schnell, sondern auch noch wenig war, sind die Rippen durchgekommen, jeder Maulwurfshügel ein beinharter Buckel, und die Fahrer sind mit 120, 130, 140 km/h drüber, die hat's durchgebeutelt wie auf einer Waschrumpel.

Es war so unheimlich schwer, so gefährlich, so ein brutales Training, die Hälfte der Leute aus der ersten Gruppe ist rausgeflogen, manche sogar grauenhaft. Den Pepi Strobl haben sie abtransportiert. Und dann hat's sogar den Lasse Kjus, der in einer Superform war, zerrissen, dass es nicht zum Anschauen war.“

Zum Anschauen war es wider Willen für jenen Läufer, der nach Kjus ins Training geschickt wurde: für Günther Mader. Er wurde an der Hausbergkante mit der gelben Flagge abgewunken und hatte das zweifelhafte Vergnügen zu beobachten, wie Kjus vom Rettungshubschrauber abtransportiert wurde.

Danach wurde Günther selbst mit dem Hubschrauber wieder an den Start gebracht – und durfte zu einem zweiten Trainingslauf antreten. Mit mulmigem Gefühl zwar, aber auch im Bewusstsein, dass dieser zusätzliche Trainingslauf sehr, sehr wertvoll werden könnte.

Das Mördertraining blieb das einzige Training in dieser verrückten, brutalen Kitzbühel-Woche 1996.

Nur ein Trainingslauf, die Strecke brutal – alles andere als ein Nachteil für einen Routinier wie Günther. Das wusste Trenkwalder. Und er hatte dann vor dem Rennen, vor dem einen Rennen, auf das alles hin geplant war in diesem Jahr, noch eine Idee.

„Es war alles haargenau vorbereitet: Ich hatte mir die Genehmigung vom Race-Direktor der FIS organisiert, dass ich mich auf der Piste bewegen darf; das war natürlich eine extreme Ausnahme, das durfte kein anderer Betreuer, aber diese Genehmigung habe ich gebraucht, um mobil zu sein. Im Ziel unten war im Red Bull-Zelt ein Fernseher für mich hergerichtet; auch der war notwendig, um noch ein paar Läufer und Linien studieren zu können. Wir hatten ja eine späte Startnummer genommen, damit ich noch die Gelegenheit hatte, Informationen zu sammeln und sie dem Günther rauf zu funken. Wenn du um acht in der Früh besichtigst und das Rennen ist um halb eins, verändert sich die Piste ja. Da musst du vielleicht kurzfristig reagieren, diese Möglichkeit hab ich mir geschaffen.

Ich bin von oben vor dem ersten Vorläufer weg und hab mir die Passagen der Reihe nach angeschaut. Ein paar Läufer im Steilhang, ein paar in der Seidlalm, im Lärchenschuss. Und auch an einer Passage, an der hab ich mit einem jungen Vorläufer ausgemacht (der übrigens jetzt noch im Nationalteam fährt), dass er an dieser gewissen Stelle was ganz Besonderes probieren soll.

Das hat er auch probiert. Und es hat funktioniert.

Am Hausberg hab ich den Flachmann ausgepackt und mit meinem Freund, dem Rennleiter Toni Sailer, angestoßen, weil eine kurze Pause muss immer drin sein.

Ich hatte mir vorher genau ausgerechnet: den Zielschuss runter, wo's nach der Hausbergkante seitlich weghängt, dann der Sprung in den Zielschuss, das steilste Schussstück, wo du 140 km/h drauf kriegst in der Kompression, dann ist da dieses kurze Flachstück vor dem letzten Zielsprung; und genau dort war links im Zaun eine kleine Öffnung, bei der ich raus wollte, um hinter den Zuschauern zum Red Bull-Zelt zu laufen.

Verabschiedung vom Toni Sailer, rein in den Zielschuss. Ich hab einen Schreck gekriegt: Der Schnee war noch schneller, als ich geglaubt hatte. So unglaublich schnell, dass du ein wahnwitziges Tempo draufgekriegt hast. Und ich konnte überhaupt nichts dagegen tun. Ich hab nur gehofft, dass es mich jetzt nicht zerreißt.

PICKELHART, RASEND SCHNELL: DAS TRAINING VERLIEF SELBST FÜR KITZBÜHELER VERHÄLTNISSE EXTREM

Das Rennen war ja schon am Laufen, die Startnummern bis drei oder vier sogar schon im Ziel – und wenn sie einen Läufer abwinken müssen oder das Rennen unterbrechen, um einen gestürzten Trainer mit dem Hubschrauber abzutransportieren, das hätt' meinem ohnehin ramponierten Ruf nicht sehr gut getan. Abgesehen davon, dass ich ja dem Günther noch ein paar Informationen schuldig war …

Ich also den Zielschuss runter mit einem Affenzahn. Und was eigentlich abzusehen gewesen wäre, ist dann *tatsächlich passiert: Ich hab zwar einen Sturz vermeiden können, aber ich bin's nicht stehen derblieben. Ich hätte da unten vor dem Zielsprung abbremsen wollen, aber bin an meinem Türl im Zaun vorbeigefetzt. In meinem Schreck hab ich sie aus dem Augenwinkel schon auf die Piste rennen gesehen, in hellster Panik: die Gendarmerie ist reingelaufen, ein Streckenposten, „ein Wahnsinn", hab ich nur gehört, „ein Wahnsinn", einer hat geschrien „der Scheiß-Trenkwalder", und ich bin's einfach nicht stehen derblieben, nicht und nicht, die Ski haben gerattert, aber ich bin nicht langsamer geworden; zehn, fünfzehn, zwanzig Meter unter meinem kleinen Ausgang hab ich's dann endlich derbremst gehabt, die Ski abgezogen, einen Sprint bergauf mit den Skischuhen. Die Knie haben gezittert, der Puls hat gerast, heiß war mir unterm Anorak, der Schweiß ist mir rausgeschossen. Die Gendarmen haben geschrien, die Streckenposten haben geschrien, „bist du wahnsinnig, Trenki", hat einer gebrüllt, alle natürlich in allerhellster Aufregung. Ich hab mich tausendmal entschuldigt, und die Gendarmen haben ausgeschaut, als würden sie mich jetzt am liebsten verhaften.*

Das war alles natürlich mitten im Rennen, die ersten Läufer schon im Ziel, und ich mit meiner Show-Einlage runter den Zielhang, ich muss ausgeschaut haben wie ein verirrter Holländer. Natürlich haben mich alle gekannt damals, nicht zuletzt weil ich ein anderes Dress gehabt hab als die ÖSV-Trainer, einen schönen gelben Schöffel-Anorak, der wunderbar geleuchtet hat; in dem Moment hätt' ich lieber was Unauffälligeres getragen.

Dann bin ich hinterm Publikum vorbeigerannt die weite Runde mit meinen Skischuhen, wie ein 400-Meter-Läufer, und konnte dann noch einen oder zwei Läufer im Fernsehen anschauen, gekeucht hab ich dabei, der Schweiß ist mir von der Nase getropft.

Aber was ich sehen wollte, das hatte ich gesehen. Und sobald ich einigermaßen wieder Luft gekriegt hab, hab ich den Günther angerufen. Ich hab ihm bei zwei Stellen geraten, ein bisschen vom Gas zu gehen, weil das an diesem Tag voll nicht fahrbar gewesen ist.

Aber ansonsten passt alles, hab ich gesagt, das wird heut ein Mörderrennen, da musst du dich freuen drauf.

Dann hab ich durchgeschnauft und hab gesagt: Günther, das ist dein Tag."

Luc Alphand kam mit Bestzeit ins Ziel, nach einer gewaltigen Fahrt. Und dann Günther. 12 Hundertstel schneller als Alphand. Unbeschreiblicher Jubel.

Noch einmal atemlose Stille, als Peter Runggaldier auf 19 Hundertstel herankam. Und der unglaubliche, riesige Jubel der 40.000 Leute, als der Sieger Günther Mader feststand. Der Traum, auf den Trenkwalder und Mader so viele Jahre hingearbeitet hatten, wurde immer mehr Realität. Und dann gab es den Moment, in dem Trenkwalder realisierte, dass es geschafft war.

„Ich war nicht Herr meiner Gefühle. Wie riesig die Anspannung vorher war, aber wie unglaublich der Günther da runter gefahren ist, wie da 40.000 Leut' geschrien und getobt haben ... da war ein Held geboren.

Es war ein irrer Wirbel. In mir drinnen war es aber plötzlich ganz ruhig, ganz still. Und ein Gefühl, so, als wär ein riesiger Betonklotz in mir zerbröselt und in ganz feines, weiches Material zerfallen. So war das."

Um den Helden, der soeben geboren worden war, gab es jenes Gedränge, das es um soeben geborene Helden üblicherweise gibt. Mit den üblichen Begleiterscheinungen, im speziellen Fall ermöglicht durch großflächige Gedächtnisschwächen angesehener Persönlichkeiten der Skiwelt. Trenkwalder saß still in einer Ecke und beobachtete das interessante Treiben mit durchaus gemischten Gefühlen.

„Der neue Held war natürlich ein Außenseiter. Eigentlich. Aber wie der in Sekundenschnelle vereinnahmt worden ist ... bizarr. Ich hab sicher eine Stunde nicht gewusst, wie mir geschieht. Bin ich da im falschen Film, bin ich Zaungast? Um den Günther herum war ein Schulterklopfen, ein Hallo, „Super, Günther“, und „Hamma alles richtig gemacht“ und „Weltklasse, Günther“ ... kurz hab ich überlegt, dass ich den Günther schnapp' und zu ihm sag, komm Günther, gemma Slalom fahren, lassen wir die alle da stehen; lassen wir sie einfach stehen ...

Mir sind Blitze durch das Hirn geschossen.

Da war auf der einen Seite diese unglaubliche Freude, die Erleichterung, dieses Wissen, dass wir das größte Ziel erreicht haben. Dass uns das nie wieder jemand wegnehmen kann. Auf der anderen Seite war ich so zornig und zugleich so fassungslos, wie Leute, die jahrelang gegen den Günther gearbeitet haben, gegen die er sich mit so wahnsinnig viel Energie hatte durchsetzen müssen, die ihn nicht nur Kraft gekostet haben, sondern auch viele Siege, viele Erfolge, viel Geld, viele Nerven – dass ausgerechnet diese Leute jetzt am nächsten bei ihm gestanden sind, am lautesten gejubelt haben, ihn am herzlichsten gedrückt haben.

Ich hab's nicht ordnen können für mich, das war mir zu viel. Ich war dann sogar so weit, dass ich mir gedacht hab: Ich setz' mich ins Auto und fahr heim. Ich hab diese ganze Falschheit, die da war, in diesem so unglaublich großen Moment, einfach nicht ertragen.

„DIE KNIE HABEN MIR GEZITTERT, DER PULS HAT GERAST, HEISS WAR MIR UNTERM ANORAK, DER SCHWEISS IST MIR RAUS GESCHOSSEN“

Das war der Moment, den der Günther sich erarbeitet hat, gegen die ärgsten Widerstände, und dann diese Vereinnahmung durch die, die ihm jahrelang nur Prügel in den Weg geworfen hatten, so schamlos.

Ich hab dem Günther Patschen geholt, damit er nicht mit den Skischuhen stundenlang herumsteht, und was zum Trinken.“

Für Nebensächlichkeiten wie das Wohlergehen des zu umjubelnden Siegers hatten jene, die mit dem Umjubeln sehr beschäftigt waren, keine Gelegenheit. Also war's an Trenkwalder, etwas zum Trinken zu holen für seinen Schützling und ein Paar Schuhe, damit der endlich aus den Skischuhen schlüpfen konnte.

Dieses Treiben beobachtete offenbar Elmar Oberhauser sehr genau, Sportchef des ORF-Fernsehens. Er ging auf Trenkwalder zu und ersuchte ihn, abends bei der Live-Sendung Studiogast zu sein. Es seien nur zwei Gäste eingeladen, gab Oberhauser zu verstehen: Günther Mader und Robert Trenkwalder. Niemand sonst.

Daraufhin war Trenkwalder weit sonnigerer Laune.

Dann hatte er ein wenig Zeit für sich, unbeobachtet, und es kullerten dem 48-jährigen karenzierten Volksschuldirektor die Tränen aus den Augen wie aus einer heißen Quelle, und dazu lachte er laut. Dann besann er sich der hohen Pflicht, Günthers Eltern nicht länger warten zu lassen. Denn die wollten zu feiern beginnen, aber keinesfalls ohne den Robert Trenkwalder.

„ES WAR EIN RIESIGER BETONKLOTZ IN MIR AUF EINMAL ZERBRÖSELT UND IN GANZ FEINES, WEICHES MATERIAL ZERFALLEN."

Die ersten Takte der Feierlichkeiten machte Trenkwalder mit, dann der Wechsel ins Fernsehstudio, wo er so weit Herr seiner Sinne war, nicht alles zu sagen, was er womöglich ein paar Stunden später gesagt hätte.

„Ich hab mich da in diesem improvisierten Studio, wir sind ja auf der verglasten Veranda der ‚Tenne' quasi in der Auslage gesessen, die Fans, die vorher bei der Siegerehrung waren, draußen auf der Straße, ich hab mich also im Studio sehr zusammengerissen, als dann die Live-Sendung losgegangen ist. Ich hätte da abrechnen können für die vielen Jahre vorher, in denen das Ausmaß der Erniedrigungen schon schmerzhaft hoch war. Aber ich hab nicht das gesagt, was ich mir im Innersten gedacht hab. Es hätte niemandem was genützt, vor allem dem Günther nicht, in seiner größten Stunde."

Nach der Sendung, Scheinwerfer und Kameras aus, schweifte Trenkwalders Blick durch die Auslage raus auf die Fans. Er sah in der vierten, fünften Reihe jemanden wild auf und niederhüpfen, die Hand mit einem Tausend-Schilling-Schein hoch gestreckt. Der Hauptschuldirektor aus Telfs hatte das Rennen im Fernsehen gesehen und war in den nächsten Zug gestiegen, „denn Spielschulden sind Ehrenschulden" sagte er, worauf er zur Teilnahme an den Feiern zwangsverpflichtet wurde.

Im Lauf der Nacht wurde die Runde der Feiernden noch erweitert, um jenen Streckenposten zum Beispiel, dessen Frage vom Mittag, „Trenki, bist du wahnsinnig, spinnst du?" noch nicht eindeutig beantwortet war.

Man blieb in der „Tenne", wohin der Hauptsponsor des Rennens Ehrengäste zu einem Gala-Abend in einen Sonderraum geladen hatte, man setzte sich zusammen und feierte sehr. Und da sich Hauptsponsor Audi als Dank für den Besuch des Streif-Siegers zur Übernahme der Rechnung bereit erklärt hatte, fehlte auch ein triftiger Grund, eilig nach Hause zu gehen.

ZUM SIEG GETRAGEN
Robert Trenkwalder borgt die linke Schulter, Stephan Mader die rechte – ein Bild mit Symbolkraft: Günther und zwei aus der Handvoll jener, die den harten Weg immer mitgegangen waren.

LETZTE KURVE

Die letzten beiden Saisonen einer
zwei Jahrzehnte dauernden Karriere:
Das gestohlene Gold in Spanien,
das Auftauchen der Generation Maier und
ein Einfädler bei 140 km/h.

ZUM LETZTEN MAL OLYMPIA

Nagano 1998 – Günthers vierte und letzte Spiele: Konzentration auf die Kombi statt Abfahrts-Quali gegen Franz, Knauss, Schifferer, Trinkl und die beiden Strobls. Die Kombi-Abfahrt gewinnt Günther, doch ein verkrampfter Slalom kostet ihn seine zweite Olympia-Medaille.

Wer in Kitz die Abfahrt und die Kombination gewinnt, der fährt nicht als Außenseiter zur WM. Und vor allem in der Kombi war ich dem WM-Gold in der Sierra Nevada im Februar 1996 wohl so nahe wie selten sonst. Die Kronenzeitung schrieb sogar von „gestohlenem Gold".

Was war passiert? Im Kombi-Slalom hatte mich der Startrichter fast aus dem Starthaus geprügelt, obwohl der Nebel so dicht war, dass ich nicht einmal bis zum ersten Tor sehen konnte. Ich hatte darum gebeten, doch eine Minute zu warten, fast gebettelt – vergeblich. Ich musste raus. Und verlor im Blindflug fast vier Sekunden auf Mario Reiter, den Sieger des Kombi-Slaloms. Natürlich war ein paar Minuten später die Sicht wieder okay. Dass ich dann hinter Girardelli und Kjus noch Bronze holte, war fast ein Wunder.

Ich verließ die Sierra Nevada nach einer enttäuschenden Weltmeisterschaft ziemlich deprimiert: Pech in der Kombination, schlecht gefahren im Super-G, in der Abfahrt in einem Startnummernrennen chancenlos – Weltmeister wurde wieder Patrick Ortlieb.

Das letzte Highlight der Saison war das Weltcup-Finale in Kvitfjell in Norwegen. Ich hatte zwar Chancen, Lasse im Gesamt-Weltcup noch abzufangen, aber er holte sich in einem echten Showdown mit dem Sieg in der letzten Abfahrt auch seinen ersten Gesamt-Weltcup-Sieg – ich wurde sowohl in dieser Abfahrt, einem tollen Rennen, als auch im Gesamt-Weltcup Zweiter hinter Lasse, und auch im Abfahrts-Weltcup war in diesem Jahr nur einer besser: Luc Alphand.

Am Tag der Weltcup-Entscheidung in Kvitfjell ging auch der Europacup dieser Saison zu Ende. Sieger wurde ein Salzburger, ein gewisser Hermann Maier.

Im Frühjahr 96 lief mein erster Salomon-Vertrag aus. Wir hatten viel erreicht, der Tiroler Routinier und die junge französische Marke mit den verrückten Ideen. Dennoch wollte ich nur unter einer Bedingung verlängern: Ich verlangte neue Slalom-Ski, da musste endlich was weitergehen – und zwar schnell. Denn im Slalom waren wir der Konkurrenz mindestens eine Sekunde hintennach. Und ich dachte auch mit 32 nicht im Traum daran, auf eine Disziplin zu verzichten.

Ich setzte ein Ultimatum: Ich gab den Salomon-Leuten drei Wochen, um unseren Input der vergangenen Saison umzusetzen und neue Slalom-Ski zu bauen.

Da zeigten sie, was sie drauf haben: Kaum 14 Tage später stand ich auf einem neuen Slalom-Ski – mit 1,91 kürzer als der alte. Und schneller: Ich als Allrounder hängte den Spezialisten Thomas Stangassinger im Training ab – Stani war mit den alten Brettern gefahren.

Nach dem ersten Trainingstag rief ich in Annecy an und sagte: Okay, zwei weitere Jahre.

Die Slalom-Ski wurden bald noch kürzer, bis Saisonbeginn sollten sie auf 1,88er schrumpfen. Man hörte sogar schon Gerüchte, dass die schlauesten Salomon-Köpfe in Annecy sogar an einer Art Kinder-Ski bastelten. An extrem kurzen, extrem taillierten Dingern.

Während im Skibereich also alles blieb wie es war, wechselte ich den Schuh – nicht ganz freiwillig.

Es hatte sich schon gegen Ende 1995/96 abgezeichnet, dass Lange den auslaufenden Schuh-Vertrag wohl nicht verlängern würde. Die Italiener begannen, an Stephans Arbeit herumzukritteln, die Stimmung war nicht wirklich gut. Wie dann die Beziehung Mader-Lange zu Ende ging, war allerdings nicht die feine italienische Art: Mir wurde in einem schroffen Brief mitgeteilt, dass ich unverzüglich alle mir zur Verfügung gestellten Produkte zurückschicken sollte. Basta.

Warum Lange den Vertrag mit dem Kitzbühel-Sieger, Gesamt- und Abfahrts-Weltcup-Zweiten auf diese doch ziemlich verletzende Art beendete? Ich kann nur vermuten, dass der Konzern-Marke von Rossignol die Konkurrenz durch den zunächst unterschätzten Newcomer Salomon mittlerweile doch zu groß geworden war.

GERÜCHTEWEISE HÖRTE MAN, DASS BEI SALOMON IN ANNECY DIE SCHLAUESTEN KÖPFE AN EXTREM KURZEN „KINDERSKI" FÜR DEN SLALOM TÜFTELTEN

Egal warum die Entscheidung getroffen worden war: Lange produzierte Mitte der Neunziger die besten Schuhe. Und die standen mir nicht mehr zur Verfügung.

Die großen Zeiten der Nordica-Schuhe waren vorbei, die großen Zeiten der Salomon-Schuhe ungewisse Zukunftshoffnung. Salomon wollte aber nach der erfolgreichen Ski-Entwicklungsarbeit unbedingt auch Schuhe gemeinsam mit mir entwickeln. Ich erbat mir Bedenkzeit und fuhr im Sommer mit einem halben Container voll Schuhen nach Neuseeland. Es war eigentlich kein Trainingslager, es waren drei Schuhtest-Wochen. Mit dabei auf der Schuh-Expedition: mein Bruder Stephan, den wir von Lange loseisen hatten können.

Stephan hat in dieser Zeit wahre Wunder vollbracht. Nachdem in Neuseeland die Entscheidung für Salomon gefallen war und wir beschlossen hatten, einen neuen Schuh zu entwickeln, kam er wochenlang keinen Tag zu mehr als zwei, drei Stunden Schlaf. Tagsüber testen und entwickeln, abends setzte er sich ins Auto und spulte die 600 Kilometer von Innsbruck nach Annecy zu Salomon runter. Hat dort Feedback gegeben, sich mit den Ingenieuren abgesprochen, und am nächsten Tag am Gletscher war er wieder da.

Der Einsatz zahlte sich aus: Wir schafften es tatsächlich, von Null weg in einem Sommer einen völlig neuen Schuh zu bauen, der in manchen Bereichen neue Maßstäbe setzte. Der aber sogar zu extrem geriet: In den Kurven hatten wir den vielleicht besten Schuh der Szene, aber in den Flachstücken, beim Gleiten verloren wir. Der Schuh war einfach zu aggressiv. Maßgeschneidert war der Schuh für einen: Jean-Luc Cretier kam auch im Flachen damit zurecht, wurde mit dem Schuh Olympiasieger und zog ihn bis ans Ende seiner Karriere nur mehr zum Schlafen und Duschen aus.

Der Schuh war revolutionär, aber noch nicht so weit; die Zeit zur Entwicklung war zu kurz gewesen: 1996/97 gelang mir in der Abfahrt nur ein einziges Top-Ten-Resultat, Platz sieben in Kitzbühel. Besser lief's im Riesenslalom, noch besser im Super-G: Da war ich nach Platz zwei in Val d'Isere schon früh für die WM in Sestriere qualifiziert. Und tat dann, was ich vorher nie getan hatte: Ich ließ ein paar Rennen aus, um mich ganz gezielt auf die WM vorzubereiten, auf den Super-G.

Robi und ich tüftelten herum – und dann hatte mein Servicemann Horst Gschwandtner eine ziemlich verrückte Idee, den aggressiven Schuh in den Griff zu kriegen: Wir probierten im Training eine uralte Latte, einen drei Jahre alten Super-G-Ski. Ausgelatschter Ski + top-aggressiver Schuh = gute Kombination ... das klang in der Theorie eigentlich logisch.

Und es funktionierte im Training auch in der Praxis. Wir hatten da ein ziemlich interessantes Paket gebastelt.

Mit diesem Paket hätte ich in Sestriere um ein Haar den WM-Titel im Super-G gewonnen. Dass es Bronze wurde statt Gold, lag an vier Toren, bei denen die Italiener Probleme mit der Piste hatten und mit Wasser vereisten. Auf dem Eislaufplatz hielt die drei Jahre alte Gurke natürlich nicht – in diesen vier Toren überholten mich Skaardal und Aamodt. Trotzdem war ich mehr als nur zufrieden: Die Medaille in Sestriere war einer von nur drei Stockerlplätzen in der ganzen Saison. Und es hatte ganz andere Favoriten gegeben als mich: Vier Tage vor der WM beim Super-G in Laax war ich 19. geworden (Alphand vor Pepi Strobl und Runggaldier), beim ersten Super-G nach der WM in Garmisch sollte es nur

ALTE FREUNDE
Fritz Strobl war damals Teamkollege, ist jetzt „Schützling" bei Salomon. Unteres Bild: Günther jubelt 1997 in Sestriere über WM-Bronze im Super G. Wegbegleiter war ein drei Jahre alter Ski, der die extreme Aggressivität des selbst entwickelten Schuhs erfolgreich ausglich.

zu Platz 14 reichen (Alphand vor Maier und Perathoner), zwei Tage später bei Hermann Maiers erstem Weltcup-Sieg zu Platz 15. Außerdem war Hans Knauss als Vierter in Sestriere nur sechs Hundertstel langsamer als ich, Pepi Strobl als Fünfter heiße 18 Hundertstel. Da hatte das Timing wirklich in jeder Hinsicht gestimmt …

Die Saison 1996/97 beendete ich im Gesamt-Weltcup auf Platz 14, erstmals seit der Saison 1988/89 nicht unter den besten Zehn, erstmals seit 1990/91 nicht als bester Österreicher. Eine neue ÖSV-Generation hatte in diesem Jahr den Durchbruch geschafft: Vor allem Pepi Strobl zeigte auf – als Dritter im Gesamt-Weltcup hinter Alphand und Aamodt, Andi Schifferer wurde Sechster. Auf Platz 21 landete ein gewisser Hermann Maier.

Maier war das, was man eine freche Pipp'n nennt. Ich erinnere mich ans Sommertraining in Chile: Ausgemacht war, dass sich der Kader um acht Uhr früh beim Lift trifft und zweimal die Piste durchrutscht, damit nachher ordentlich trainiert werden kann. Um Punkt acht waren auch alle g'stellt – außer zwei hoffnungsvollen Talenten, dem Hermann Maier und dem Andi Schifferer. Die beiden tauchten gegen dreiviertel neun blendend gelaunt auf, und sie waren nicht nur ausgeschlafen, sondern strotzten auch vor Trainingseifer: Als wir durch den Lauf noch rutschten, fuhren die beiden schon durch.

Vielleicht war's ja richtig, dass der junge ÖSV-Cheftrainer Toni Giger gegen solche Alleingänge nichts unternahm. Vielleicht ist der Hermann nur dadurch, dass er sich alles erlauben durfte, zu der ungewöhnlichen Persönlichkeit geworden, die ihn so erfolgreich gemacht hat. Aber vielleicht wäre es ja anders auch gegangen – ob mehr Respekt gegenüber den Kollegen in der Mannschaft der Entwicklung des Siegertypen geschadet hätte? Man wird's nie wissen.

Verständlich, dass wir alle nicht besonders gut zu sprechen waren auf den Hermann, der sich als Newcomer eine Extrawurst nach der anderen braten ließ und genüsslich verspeiste – nicht nur im ÖSV, sondern auch bei Atomic. Dass darüber die anderen Atomic-Fahrer, allen voran Hans Knauss und Steff Eberharter, nicht erfreut waren, überrascht niemanden, der sich auch nur in die Nähe eines Rennläufer-Kopfs denken kann.

In die Saison 1997/98 ging ich zuversichtlich – kein Gedanke, dass es meine letzte werden würde. Wir hatten das Material weiterentwickelt, vor allem der Schuh war gut dabei. Ich fuhr motiviert nach Beaver Creek zu den ersten beiden Abfahrten des Jahres.

Bei der zweiten Abfahrt durfte ich starten und holte auch einen zwölften Platz – als achtbester Österreicher. Schifferer, Maier, Eberharter, Fritz Strobl, Trinkl sorgten für einen Fünffach-Triumph des ÖSV, Roland Assinger wurde Siebenter, Greber Elfter. Dass ich noch vorne dabei war, bewies, wer sich den zwölften Platz mit mir teilte: Kristian Ghedina, der Sieger des Vortags.

Es war diese erste Abfahrt gewesen, die die Weichen für das Jahr stellte. Ich hatte durch die schlechten Abfahrts-Resultate des Vorjahres meinen Fixplatz verloren, musste gegen Roland Assinger Qualifikation fahren. Die verlor ich, wie eigentlich zu befürchten gewesen war. Denn ich war nie einer gewesen, der im

Training alles geben konnte. Schon als Kind war ich im Rennen schneller gewesen als im Training. In einer Quali das Pulver zu verschießen, hätte in diesem Fall Sinn gemacht – aber dazu war ich einfach nicht der Typ.

Meinen Fixplatz hatte Hermann Maier übernommen: Er hatte zwar keine Weltcup-Abfahrtserfahrung, aber der ÖSV tat, was er bei mir in derselben Situation nicht getan hatte – man ersparte der Hoffnung auf den Gesamt-Weltcup die Qualifikationsmühle. Eine richtige Entscheidung: Hermann holte in Beaver Creek die ersten Abfahrts-Spitzenresultate seiner Karriere. Wichtige Punkte auf dem Weg zum Gesamt-Weltcup ...

Ich verlor die Quali gegen Roland um zwei Zehntel, er wurde tags darauf im ersten Rennen Fünfter.

Ich verließ Beaver Creek nicht niedergeschlagen, aber angeschlagen. Material und Form passten – aber irgendwie hatte ich im Kopf das Gefühl verloren, jederzeit bei jedem Rennen vorne dabei sein zu können.

Und dann hätte meine Karriere um ein Haar richtig böse geendet – und ganz abrupt. In Kitzbühel fädelte ich bei 140 km/h ein, der wildeste Sturz seit Wengen 1994, wo ich kopfüber ins Netz geflogen war.

Einfädeln bei 140? Wie konnte das passieren? Die Links-Rechts-Kombination der Ausfahrt von der Alten Schneise und der Einfahrt Seidlalm wurde Jahr für Jahr eckiger gesteckt, sonst wäre am Seidlalm-Sprung das Tempo zu hoch gewesen. Vor der hängenden Linkskurve Ausfahrt Alte Schneise sah ich, dass dort schon irre Schläge waren – ich wusste, wenn mich diese Schläge erwischen, rumple ich fünf Meter neben der Ideallinie weiter. Ich setzte den Schwung also früher an, um innen an den Schlägen vorbei zu kommen. Einer der Schläge erwischte mich aber doch – am Innenski, den's sofort verrissen hat. Einen Sekundenbruchteil kriegt man mit, dass man jetzt einfädelt, aber man hat natürlich überhaupt keine Chance bei dem Tempo. Ich hatte das Riesenglück, dass es mir sofort die Bindung aufschlug, sonst hätte es mir das Knie zerfetzt. Ich hob ab wie ein Helikopter, flog runter bis zum Seidlalm-Sprung.

Es war fast ein Wunder, dass ich diesen Crash unverletzt überstand. Abgesehen natürlich von einer prächtig in allen Regenbogenfarben schillernden Sammlung von Prellungen am ganzen Körper.

Slalom am Tag darauf? Nicht dran zu denken. Sogar dass ich in Garmisch eine Woche drauf fuhr, war Blödsinn. Aber ich wollte jede noch so kleine Chance nützen, in Nagano bei den Olympischen Spielen dabei zu sein.

In Nagano gab's ein irres Gedränge um die ÖSV-Abfahrts-Plätze: Franz, Knauss, Schifferer, die Strobls, Trinkl fuhren Quali – für einen Mader war kein Platz im Team. Mir blieb die Kombi.

Wie in Japan üblich, spielte das Wetter in Nagano eine Hauptrolle. So musste die Spezialabfahrt der Herren am selben Tag gefahren werden wie die Kombi-Abfahrt. Beide Rennen wurden auf Salomon-Ski und Salomon-Schuhen gewonnen: Jean-Luc Cretier holte Abfahrts-Gold, ich war in der Kombi-Abfahrt der Schnellste. Beide Male wurde Lasse Kjus Zweiter ...

Dass ich in der Kombi statt Gold nur Blech holte – acht Hundertstel hinter Christian Mayer –, das lag ganz allein an mir. Im Slalom hatte ich den Olympia-

sieg vor Augen, aber verkrampfte, fuhr ein grottenschlechtes Rennen. Mario Reiter holte Gold vor Lasse.

Nach Nagano schob ich mit Robi eine Woche Urlaub auf Guam ein. Und dachte zum ersten Mal übers Aufhören nach.

Der Hermann war auch in Guam – als zweifacher Olympiasieger in Super-G und Riesenslalom, nach seinem wilden Sturz in der Abfahrt schon jetzt eine lebende Legende. Er feierte mit den anderen Burschen der Mannschaft. Ich saß allein am Strand und grübelte. Sollte ich aufhören? Oder noch eine Saison anhängen, mich auf Riesenslalom und Super-G konzentrieren, die Strapazen des Allrounders für ein letztes Jahr abwerfen? Nicht durch den Winter hetzen zu müssen, nicht in vier Disziplinen Ski testen zu müssen – verlockend. Wir hatten bei Salomon nun auch tolle Riesentorlauf-Ski entwickelt. Ich hätte es mir leichter gemacht.

Aber wäre das Mader gewesen?

Das Gespräch mit Robi dauerte nicht lang.

Ich würde am Ende der Saison aufhören.

Nach solchen Entscheidungen ist man irgendwie befreit. Ich fuhr nach dem Kurzurlaub auch locker und schnell – aber hatte Pech: Beim Riesenslalom in Yongpyong flog ich mit Top-5-Zeit knapp vor dem Ziel raus.

Vor dem Weltcup-Finale in Crans Montana knüppelte ich eine Trainingsbestzeit nach der anderen raus.

Fast wär's in Crans noch ein schöner Abschied geworden – aber nach Zwischenbestzeit kassierte ich auf den letzten fünfzehn Toren im ersten Durchgang eineinhalb Sekunden, damit war's vorbei mit dem Traum vom Spitzenplatz beim letzten Rennen.

DIE NÄCHSTE GENERATION
In der Saison 1996/97 ging der Stern von Hermann Maier auf. Günther belegte im Gesamt-Weltcup nur Platz 14, beendete erstmals seit 1988/89 ein Jahr nicht unter den besten zehn Skifahrern der Welt. Unten: mit Thomas Sykora, Hans Knauss und Pepi Strobl (v.l.).

EINE BINDUNG, DIE DAS KNIE RETTET
Günther in Kitzbühel 1998 vor dem wildesten Sturz seiner Karriere – bei 140 km/h fädelte er ein, die sofort aufspringende Bindung rettete ihm das Knie.

Dann stand ich vor dem Start zum zweiten Durchgang da oben und wurde plötzlich richtig sentimental. Dieser Lauf sollte der letzte werden, alles das, wofür ich in den letzten zwanzig Jahren geschuftet hatte, sollte in knapp eineinhalb Minuten zu Ende sein. Aber ein wenig war ich auch stolz, dass ich nicht die leichte Entscheidung getroffen hatte, sondern die konsequente: Wenn's nicht hundertprozentig geht, dann soll's gar nicht gehen. So hatte ich es immer gehalten in meiner Karriere. Und so hielt ich es auch jetzt, ganz am Ende.

Ich hatte zu trainieren begonnen, als Karl Schranz zum letzten Mal österreichischer Weltcup-Sieger wurde. Und ich beendete meine Karriere, als Hermann Maier zum ersten Mal die große Kugel holte.

Viele Jahre lang hatte ich gesehen, wie sich große Rennläufer verabschiedeten, angefangen bei Franz Klammer. Jetzt war plötzlich ich derjenige, der in stundenlangen Interviews immer wieder dasselbe sagen musste, begründen, warum er aufhörte. Abends dann die Abschiedsfeier mit der Mannschaft. Zunächst sagte Toni Giger etwas, das mir sehr viel bedeutete: Giger sagte, dass mein Weg ein Vorbild für den ÖSV gewesen sei. Dass der Verband viel gelernt hatte durch den Alleingang von Robi und mir – dass wir quasi Wegbereiter dafür waren, dass Hermann Maier in Crans Montana am 14. März 1998 nach 28 Jahren Pause wieder den Gesamt-Weltcup der Herren für Österreich gewinnen konnte.

Nachdem der offizielle Teil meiner Abschiedsfeier zu Ende war, wurde die Feier inoffiziell – aber richtig. Um Mitternacht wurde dann auch noch ein sehr gut gelaunter Hermann von einem Fernseh-Auftritt in Deutschland eingeflogen …

Am nächsten Tag musste ich nach dem Motto „Ein Tiroler geht, ein Tiroler kommt" gemeinsam mit Benni Raich schon um neun bei einem ORF-Interview sein – die Leute vor den Fernsehapparaten mussten wegen meinen Sehschlitzen glauben, ich hätte die ganze Nacht geheult vor lauter Abschiedsschmerz.

Danach Business as usual – zum letzten Mal. Ins Hotelzimmer, Sachen packen, ab ins Auto, heim.

Ein Lebensabschnitt war vorbei – mehr noch: Mein bisheriges Leben war vorbei. Alles, was ich bisher getan hatte, war Ski fahren gewesen, trainieren, testen, und dann über eineinhalb Jahrzehnte im Weltcup immer dieselben Leute, dieselben Orte, dieselben Hotels, dieselben Gesprächsthemen. Ein Leben aus dem Koffer – ein Leben unter permanentem Leistungsdruck. Eine Zeitlang hatte ich bemerkt, dass ich sogar beim Packen die Zeit mitstoppte.

Als ich daheim in Innsbruck am nächsten Morgen aufwachte, war mein erster Gedanke: Aufstehen, trainieren, vorbereiten auf die nächsten Rennen. Mein zweiter Gedanke war: Dreh dich um, schlaf dich aus. Das darfst du jetzt.

In diesem Moment fühlte ich mich sehr frei.

Auf dem Kalender stand nur mehr ein Termin: Die Österreichischen Meisterschaften sollten die letzten Rennen meiner aktiven Karriere sein, ein ordentlicher Abschied vom Rennzirkus.

Doch dazu sollte es nicht mehr kommen.

DER UNFALL

DER VERIRRTE FUSSBALL, DAS BLUTGERINNSEL, DER SCHLAGANFALL VOM 27. MÄRZ 1998. UND DIE RÜCKKEHR INS LEBEN.

AM DREIZEHNTEN TAG

Samstag, 14. März 1998: das letzte Weltcup-Rennen – mit Zwischenbestzeit. Freitag, 27. März 1998: der Schlaganfall. Nicht einmal zwei Wochen lagen zwischen dem Ende einer zwanzig Jahre dauernden Rennsport-Karriere und dem Beginn des härtesten Kampfs, den Günther je zu kämpfen hatte.

... DANACH WEISS ICH NICHTS MEHR

Günthers Erinnerungen an den Schlaganfall, der sein zweites Leben abrupt beendete.

Sonntag Abend kam ich von Crans Montana nach Hause. Und hätte ich bis dahin noch gezweifelt, ob aufzuhören wirklich die richtige Entscheidung war – als ich in Innsbruck im Vorzimmer stand, die Tasche über die Schulter gehängt, musste man nur in Ingrids Augen schauen, und es war völlig klar: Es war die richtige Entscheidung gewesen.

Ingrid war fast überdreht vor Freude.

Es war ein ganz neues Leben, das an diesem Abend für uns beide begann. Denn kennen gelernt hatten wir uns, als ich ja schon Rennläufer und sogar ein bisschen prominent war, 1982, nach meinem Junioren-Weltmeistertitel.

Die letzten 15 Jahre waren für Ingrid alles andere als leicht gewesen: Im Sommer war ich in Neuseeland, in Australien, Chile oder am Gletscher, im Winter bei Rennen, beim Training, bei Tests, bei Sponsorenverpflichtungen. Bei meiner Familie konnte ich nur selten sein.

Sich darüber zu beschweren, das wäre aber nicht Ingrids Art gewesen. Wir hatten auch nie darüber geredet, wie viel Kraft Ingrid all die Jahre in meine Karriere investierte. Es war da immer eine Art von stillschweigendem Einverständnis zwischen uns: Ingrid, als starke, eigenständige, selbstständige Frau, im besten Sinn des Wortes emanzipiert, hat ihren Platz eingenommen, ebenso wie ich meinen. Es war uns beiden klar: Ich konnte nur deswegen über so viele Jahre so viel Energie in meine Karriere als Rennläufer stecken, weil ich wusste, dass dahinter eine Frau wie Ingrid stand. Eine Frau mit unglaublicher Kraft und der positivsten Lebenseinstellung, die man überhaupt nur haben kann.

Eine Frau, auf die man sich in jeder Situation zu hundert Prozent verlassen konnte.

Ich war also nach Hause gekommen am Abend dieses 15. März 1998 – und ich sollte zuhause bleiben. Vor uns lag ein schönes Leben, ein ganz normales Leben, eines ohne den riesigen Druck des Rennsports.

Am Montag konnte ich ausschlafen, danach waren nur ein paar Telefonate mit Journalisten zu erledigen, abends war ich zu einem Fußballspiel verabredet. Ein paar Freunde hatten in Innsbruck den Turnsaal einer Volksschule jeden Montagabend den ganzen Winter über gemietet. Wenn ich Zeit hatte, spielte ich die beiden Stunden gerne mit. Und an diesem Montag hatte ich viel Zeit ...

Die Montagsrunde hatte sich rund um meinen Freund Pauli Hofer gebildet, dabei waren auch Georg

Fraisl, Sportredakteur der Tiroler Kronenzeitung, und der ehemalige Eisschnellläufer Toni Nagiller, nicht nur ein guter Freund von mir, sondern auch Pächter des Cafés in Mieders bei Innsbruck, das ich ein paar Jahre davor als Wertanlage gekauft hatte.

Wir kickten an diesem Montagabend zwei Stunden in dem kleinen Turnsaal in Innsbruck, wir waren ein bisschen weniger Leute als üblich, daher gab's kaum Pausen, nach zwei Stunden waren wir alle schon ziemlich streichfähig.

Die zwei Stunden waren beinahe abgelaufen, da passierte es:

Ich war schon unkonzentriert – weil eben ziemlich müde –, Toni Nagiller wollte den Ball vor dem Tor wegknallen, der Schuss riss ihm ab und traf mich von unten kommend genau zwischen linkem Oberarm und Brustkorb. Toni entschuldigte sich sofort tausendmal, das Missgeschick war ihm extrem unangenehm – aber er hatte natürlich überhaupt keine Schuld. Es war einfach passiert, wie solche Sachen eben passieren, wenn ein paar Freunde an einem Montagabend in einem Turnsaal zum Spaß kicken …

Ich saß zwei, drei Minuten am Rand des Turnsaals auf einer Bank, schnappte zunächst nach Luft, es wurde aber schnell besser. Die Zeit war sowieso fast abgelaufen, nach dem Schreck hatte auch niemand mehr besondere Lust weiterzuspielen. Duschen, ein kleines Bier, ich fuhr heim zur Familie.

Der Vorfall war schnell vergessen. Wer würde auch einem verirrten Schuss bei einem Kickerl an einem Montagabend im Turnsaal einer Volksschule irgendeine Bedeutung beimessen?

Dienstag früh war ich wahnsinnig müde. Wie gerädert, schlapp, träge. Die Müdigkeit ging den ganzen Tag nicht weg, und auch am nächsten Tag nicht.

Dass ich die Müdigkeit in irgendeinen Zusammenhang mit Montag gebracht hätte, wäre mir nie in den Sinn gekommen. Ich dachte, sie sei die Reaktion meines Körpers darauf, das nun der riesige Druck, der Stress des Rennlaufs abgefallen war. Dass man nach mehr als eineinhalb Jahrzehnten im Weltcup ein bissl müde sein konnte, das überraschte mich nicht – interessant fand ich zu beobachten, wie Körper und Geist offenbar realisierten, dass sie jetzt einmal durchschnaufen konnten …

ICH STAND DA IM BADEZIMMER, RÄUSPERTE MICH, HUSTETE UND SCHMECKTE BLUT

Dienstagabend war ich erstmals doch ein bisschen besorgt. Ich war gerade beim Zähneputzen und hatte kurz gehustet, ich war auch leicht verkühlt. Plötzlich hatte ich diesen eigenartigen Geschmack nach Blut vermischt mit Zahnpasta im Mund, wie man ihn oft hat, wenn man sich das Zahnfleisch ein bisschen verletzt. – Ich fand aber keine Verletzung am Zahnfleisch. Und wenn ich mich kräftiger räusperte oder ein bisschen hustete, wurde der Blutgeschmack im Mund stärker.

Das Blut kam offenbar aus der Lunge.

Ich stand da im Badezimmer vorm Waschbecken, räusperte mich, hustete, schmeckte – Blut. Nur ein bisschen, aber doch genug, um mich zu beunruhigen.

Nun erinnerte ich mich doch an den Zwischenfall vom Vortag und dachte: Vielleicht ist ein Äderchen in der Lunge verletzt. Es war noch nicht allzu spät abends – ich war ja sehr müde und wollte früh ins Bett –, also rief ich Andi Lotz an, meinen Freund, langjährigen Hausarzt. Ich wusste, er hatte Mittwoch seinen freien Tag, also wollte ich mich davor noch bei ihm melden. Einfach um ihn zu fragen, was er von der Sache hielt. Andi sagte: Komm morgen rüber, ich schau' mir das zur Sicherheit an.

Andi ist nicht nur ein verlässlicher Freund, sondern auch ein gründlicher Arzt. Er nahm mir am Mittwoch Blut ab, um die Werte zu checken, fuhr mit mir zum Röntgen. Weder die Werte noch das Röntgen brachten aber irgendwelche ungewöhnlichen Ergebnisse. Trotzdem – Andi, gründlich, sagte: 14 Tage kein Sport. Mit Blut und Lunge spielt man nicht herum.

Mir war das nicht recht. Zwei Wochen kein Sport – das hieß nicht nur, dass ich das nächste Kickerl der Montagsrunde versäumen würde, das hieß auch, dass ich in meinem neuen Job keinen tollen Einstand hatte: In meinem Salomon-Vertrag hatten wir schon 1996 vereinbart, dass ich auch nach dem Ende meiner aktiven Karriere bei Salomon bleiben würde – als Entwickler, als Testfahrer, weil die Ingenieure auf mein Feedback immer den größten Wert gelegt hatten. Nebenbei sollte ich langsam beginnen, ins Management schnuppern.

In den nächsten Tagen standen ein paar Tests mit Salomon am Plan, die musste ich nun absagen.

Absagen musste ich auch den Start bei den Österreichischen Meisterschaften am kommenden Wochenende in Vorarlberg. Das tat mir besonders Leid – dort wollte ich mich eigentlich offiziell verabschieden.

Die nächsten Tage hatte ich also sozusagen Zwangsurlaub. Mir war das nach dem ersten Ärger gar nicht so unrecht. Ich hatte ja die ärztliche „Verordnung" zu faulenzen. Ich machte es mir zuhause bequem, schlief den halben Tag, genoss diese Trägheit fast, die immer noch nicht weggegangen war. Ich machte mir nach den beruhigenden Ergebnissen der Untersuchungen ja keine Sorgen. Ich war immer noch sicher: Die Müdigkeit war die natürliche Reaktion des Körpers auf den abgefallenen Druck.

Ich hatte nun eine Woche völliges Nichtstun vor mir – das erste Mal seit meiner Kindheit. Erst am Mittwoch der nächsten Woche war der nächste Termin, und das war eine sehr angenehme Verpflichtung: Hans Knauss hatte zu einer Feier nach Schladming eingeladen. Hans, einer der Allernettesten im Skizirkus, hatte in Nagano Olympia-Silber im Super-G geholt, und das musste natürlich gefeiert werden.

Ingrid und ich brachten am Mittwoch die Kinder bei den Großeltern unter, fuhren Richtung Schladming, freuten uns auf ein tolles Fest.

Wir kamen nicht weit. Noch vor Kufstein bekam ich beim Autofahren plötzlich Seitenstechen. Ein irres Gefühl: Du sitzt im Auto, fährst gemütlich auf der Autobahn dahin – urplötzlich Seitenstechen. Von einer Sekunde auf die andere war auch dieses mulmige Gefühl wieder da, wie in der Vorwoche beim Zähneputzen, als ich Blut spuckte, aber diesmal war das Gefühl beklemmend; ich war erschrocken.

Es war neun Tage nach dem Fußballspiel.

Ingrid schaute mich an, sie war sichtlich besorgt, und sagte: „Günther, drehen wir um, das hat keinen Sinn." Ich wollte zuerst nicht, denn nach zwei Minuten war das gespenstische Seitenstechen ja wieder weg, und den Hans wollte ich wirklich nicht enttäuschen – „wird schon nichts gewesen sein", sagte ich. Aber dann ließ ich mich doch überreden. Ich rief Hans an, entschuldigte mich.

Wir drehten um, fuhren schweigend nach Innsbruck zurück. Andi Lotz war zuhause, wir fuhren direkt zu ihm.

Wieder nahm er Blut ab, wieder waren wir beim Röntgen, wieder war alles normal.

Falscher Alarm, dachten wir, zum zweiten Mal.

Freitag, der 26. März 1998, begann als richtig angenehmer, netter Tag – als ein Tag, den Ingrid und ich davor nie gekannt hatten. Wir waren am Vormittag in Innsbruck einkaufen gewesen, spazierten wie zwei Touristen durch die Innsbrucker Innenstadt, machten Pause auf einen Kaffee, hatten Zeit und genossen es – wir taten genau das, wozu wir bisher in unserer Beziehung nie gekommen waren. Das neue Leben der Maders hatte gerade begonnen ...

Wir freuten uns auf den Abend. Wir waren mit Freunden zum Abendessen in Telfs verabredet, mit Erich Philippitsch und seiner Frau, Erich hatte mich in den letzten Jahren als Physiotherapeut betreut.

Nach dem Mittagessen, wie das in den letzten Tagen Brauch des Ski-Pensionisten geworden war, legte ich mich im Wohnzimmer auf die Couch und nickte ein.

Ich muss zwei, drei Stunden geschlafen haben, dann rief Ingrid vom ersten Stock runter zu mir: „Jetzt steh' aber auf, geh' duschen, damit wir nicht zu spät kommen!" Ich bin dann relativ schnell aufgestanden – wahrscheinlich war das der entscheidende Ruck für das Blutgerinnsel, das dieser verirrte Schuss beim Montagabend-Kickerl elf Tage vorher ausgelöst hatte – und das mein Leben so grundlegend verändern sollte.

ICH WOLLTE MIR EIN SWEATSHIRT ANZIEHEN, ABER DAS WAR IRGENDWIE KOMPLIZIERT

Mir wurde schwarz vor Augen, wie man das manchmal hat, wenn man zu schnell aufsteht. Aber das Schwarze ging nicht weg. Ich merkte noch, wie meine Füße nachgaben, dann verlor ich die Orientierung. Ich weiß noch, dass ich in die Knie gesunken bin und mich wahnsinnig anstrengen musste, nicht umzufallen.

Ingrid war schon bei mir, sie war sofort die Stiegen runtergerannt, sie tätschelte meine Wangen, wie man's im Fernsehen sieht, wenn jemand einen Ohnmächtigen wecken will, sie packte mich bei den Schultern, schüttelte mich, brüllte: „Günther! Günther! Günther!" Ich hörte von fern, wie sie meinen Namen schrie.

Auf einmal wurde mir wieder hell vor den Augen, vielleicht eine halbe Minute später, auf einmal konnte ich wieder sehen, konnte aufstehen. Es war alles offenbar wieder okay, ich fühlte mich auch wieder gut. Nur der rechte Arm war wie eingeschlafen, und ich weiß noch, dass mir in den Fingerspitzen der rechten Hand das Gefühl fehlte, die Fingerspitzen waren wie taub.

Ich bat Ingrid um zwei Kübel, einen mit warmem, einem mit kaltem Wasser, in die wollte ich meine Füße stellen, um meinen Kreislauf wieder in Schwung zu bringen. Ich war ja immer noch sicher, dass ich einfach zu schnell aufgestanden war.

Ingrid wollte die Rettung rufen. Lass das, sagte ich, lass das, ich bin schon wieder okay. – Aber ich merkte schon, dass ich nicht okay war. Denn beim Reden tat ich mir eigenartig schwer, ein bisschen wie ganz leicht betrunken.

Ich wollte mir dann ein Sweatshirt anziehen, und auch das war irgendwie kompliziert.

Ein paar Minuten später war der Notarzt da. Ingrid hatte die Rettung gerufen – ich ärgerte mich, weil ich ja zu unserem Abendessen nicht zu spät kommen wollte, noch duschen musste, mich noch umziehen musste. Die Zeit, dachte ich, würde ganz schön knapp werden.

Ich erklärte dem Arzt in möglichst knappen Worten, was passiert war. Das fiel mir auch ganz leicht, denn diese eigenartigen Sprachstörungen von vorhin waren wieder weg.

Ich war ungeduldig, wollte jetzt endlich duschen und mich umziehen gehen.

Der Notarzt hörte mir zu und sagte: „Das Abendessen, Herr Mader, müssen Sie verschieben." Ingrid nickte und machte dabei eine so ernste Miene, dass ich nicht widersprechen konnte: Man sah ihr an, dass sie sich wirklich Sorgen machte.

Ich ging also mit zum Rettungswagen, setzte mich hinein, wir fuhren in die Klinik.

Ich weiß noch, wie sie mich zur Computertomografie brachten und wie ich in diesem Gerät lag, und ich weiß noch, dass ich plötzlich wahnsinnig müde wurde. Langsam dämmerte ich weg, langsam, aber unaufhaltsam. Ich hörte den Arzt, der das Gerät bediente, meinen Namen rufen, „Herr Mader!", aber ich war zu müde, um zu reagieren, dann begann er zu schreien, immer lauter, „Herr Mader! Herr Mader!", immer lauter – und zugleich immer ferner.

Ich wollte noch antworten, aber es ging nicht mehr. Ich dämmerte einfach weg.

Danach weiß ich nichts mehr.

DASS ER ÜBERLEBT

Ingrids Erinnerungen: Über den Instinkt einer Frau und einen Anruf um sechs Uhr früh: „Komm schnell ins Spital, Günther ist instabil!"

Günther und Ingrid hatten einander 1982 kennen gelernt, eigentlich zweimal. Zunächst war Ingrid im Fernsehen der fesche Riesenslalom-Junioren-Weltmeister in den Sportnachrichten aufgefallen, erst Monate später lernte sie Günther in der „Stubaier Tenne" kennen, damals dem unangefochtenen In-Lokal des Wipptals. Sie wusste allerdings nicht nur nicht, dass der fesche und etwas schweigsame Bursch in der „Stubaier Tenne" der fesche Bursch aus dem Fernsehen war. Sie wusste auch nicht, dass er „der Skifahrer" war, wie man damals im Wipptal schon mit einem ehrfürchtigen Unterton sagte.

Ingrids Interesse am Skifahren im Speziellen und am Sport im Allgemeinen war damals gering, freilich im Gegensatz zu Günther, der nicht nur seine Freizeit und seine berufliche Zukunft im Sport sah, sondern auch seine berufliche Gegenwart: Er war Lehrling im damals angesehensten Sportgeschäft Innsbrucks, dem „Sporthaus Okay", als Kollege des späteren Fußball-Nationalspielers Michael Streiter.

Ingrid und Günther heirateten 1991 standesamtlich und 1996 kirchlich. Sie haben zwei Kinder: Carina, geboren 1987, und Michi, geboren 1992.

Dass sie die beiden Kinder viele Jahre fast allein aufzog, war für Ingrid nie ein Thema. *„Ich habe das immer genommen, wie es war, und habe versucht, das Beste draus zu machen"*, sagt sie. *„Ich habe viel gelernt, vor allem Selbstständigkeit und Verantwortungsbewusstsein. Ich bin in dieses Leben reingewachsen, genau wie die Kinder. Wir haben ja ein normales Leben im herkömmlichen Sinn nie gekannt, eines, wo der Papa jeden Abend heimkommt."*

Auch wenn es manchmal sehr hart war. Als Carina eines Sommerabends Mitte der Neunziger innerhalb einer Stunde am ganzen Körper einen juckenden Ausschlag von kleinen Bläschen bekam, die Ärzte im Krankenhaus zuerst an Leukämie dachten und dann, als sich der Verdacht nicht erhärtete, gar nicht wussten, woran das Mädchen litt. Klar war nur: Carina verblutet, wenn eines der Bläschen platzt. Die achtjährige Tochter schwebte in höchster Lebensgefahr. Und Günther war am anderen Ende der Welt, in Chile, beim Sommertraining.

Günther war verzweifelt, als er von der Erkrankung der Tochter erfuhr, wollte das Training in den Anden in der Minute abbrechen, sich zum nächsten Flughafen durchschlagen und irgendwie zurück nach Innsbruck – auf dem schnellstmöglichen Weg. *„Ich hab gesagt, er soll's lassen. Es hätte ja keinen Sinn gehabt, er hätte ja tagelang gebraucht, um wieder da zu* *sein. Ich hab gewusst, ich muss das alleine schaffen. Und ich hab's allein geschafft.*"

Auch Carina schaffte es, die tapfere kleine Kämpferin, und wurde gesund.

Den Sport lernte Ingrid über die Jahre zu schätzen; mit einer Ausnahme: Sie sah keine einzige Abfahrt ihres Mannes live. „*Da bin ich immer Fenster putzen gegangen oder aufs Klo.*"

Das Gefühl von jenem Sonntagabend, als Günther aus Crans Montana heimkam, am Ende einer zwei Jahrzehnte langen Laufbahn als Rennläufer, beschreibt Ingrid als „*den Moment, in dem ich gewusst habe, jetzt beginnt ein ganz neues, leichtes Leben. Ich war überglücklich, ich hab nur mehr gestrahlt. Vor uns lag ein Leben, in dem wir endlich genießen können, faulenzen, es uns gut gehen lassen. Und nie wieder würde um halb vier Uhr früh der Wecker läuten, weil der Günther auf den Gletscher fahren muss.*"

Und wie erlebt man zwei Wochen später den Zusammenbruch seines Mannes, wenn der soeben zwei Jahrzehnte Leistungssport hinter sich gebracht hat, braungebrannt, muskelbepackt?

„*Ich war in diesen Tagen wie ferngesteuert. Überhaupt nicht aufgeregt oder verzweifelt, nicht fahrig. Sondern vollkommen ruhig, konzentriert, als würde ich klare Befehle empfangen und sie nüchtern ausführen. Vielleicht bin ich ja einfach nur unter Schock gestanden, aber ich habe mich nachher oft gewundert, wie ruhig und klar ich in der ganzen Situation war, in jeder Sekunde von Freitagnachmittag bis irgendwann Anfang, Mitte der Woche drauf. Ich hab nur instinktiv gehandelt, nie nachgedacht.*"

„*Eigentlich wollte ich mich ja an diesem Freitag niederlegen nach dem Mittagessen, aber dann hab ich doch unten im Erdgeschoß gebügelt, die Carina hat dort gespielt, der Michi, der sechsjährige Knirps, hat den Rennanzug vom Günther angezogen und den Helm aufgesetzt, ein Bild zum Schießen. Der Günther ist auf der Couch gelegen und hat gedöst. Zwei Stunden, drei, ist das so dahin gegangen, es war ein richtig angenehm träger, netter Familien-Nachmittag. Ich habe das wahnsinnig genossen.*

Ich bin dann rauf in den ersten Stock, es muss halb sechs gewesen sein, hab runter zum Günther gerufen, dass er jetzt aufstehen soll, duschen, umziehen, und dass er den Korb mit der Bügelwäsche mit raufbringen soll.

Zuerst war ein paar Sekunden gar keine Reaktion, ich wollte schon noch einmal rufen, da hat's unten einen Pumperer gemacht, als wäre der Carina etwas runter gefallen oder dem Michi der Helm vom Günther, mit dem er gespielt gehabt hat. Ich geh' vor ans Geländer und schau hinunter, was passiert ist – und sehe den Günther vor dem Wäschekorb am Boden knien. „Was ist denn da los?", hab ich gefragt, zuerst halb im Spaß, ich hab gedacht, der Günther macht einen Spaß, spielt mit den Kindern.

Dann hat er zu mir heraufgeschaut, und sein Blick war leer, wie aus Glasaugen. Diesen Blick werde ich nie vergessen. Es war gespenstisch.

Ich bin in der Sekunde die Stiegen runtergerannt, hab ihn an den Schultern genommen, gebeutelt, angebrüllt, seinen Namen gebrüllt. Dann plötzlich, wie wenn jemand Licht in ihm angeknipst hätte, war er wieder da, hat mich angeschaut, hat den Kopf ganz kurz gebeutelt, wie in der Früh nach dem Aufstehen, und hat sich umgesehen – er hat offenbar nicht gewusst, wo er ist.

Ich hab gesagt, Günther, ich hol sofort die Rettung. Er hat sich dagegen gewehrt, wir hatten uns ja auf das Abendessen mit unseren Freunden schon gefreut, und das wollte er nicht auslassen. Er war wieder voll da, hat nur gesagt, ich soll ihm zwei Kübel mit warmem und kaltem Wasser bringen, damit sein Kreislauf wieder auf Touren kommt, das passt dann schon.

Ich hab hinter dem Rücken vom Günther sofort beim Andi Lotz angerufen. Der Andi war aber nicht da, er war im Burgenland bei einem Kongress, hat mir die Astrid gesagt, die Freundin von Günthers Bruder Stephan, die beim Andi gearbeitet hat. Ich war in meinem Reden ganz bestimmt, ganz klar, hab die Astrid dann flüsternd gebeten – damit's der Günther nicht hört! –, dass sie die Rettung ruft, bitte sofort, danke, aufgelegt. Das ganze Telefonat hat vielleicht zehn Sekunden gedauert. Ich musste überhaupt nichts erklären, meine Stimme muss so eindringlich gewesen sein, dass alles klar war.

Hörer aufgelegt, rauf ins Badezimmer, die beiden Kübel für Günther geholt, zur Couch gestellt, auf der der Günther gesessen ist. Wieder rauf in den ersten Stock, versucht, den Robi Trenkwalder zu erreichen. Zuerst hat niemand abgehoben, aber ich hab es wieder und wieder versucht, ich hab dauernd auf die Wiederwahltaste gedrückt. Ich hab gewusst, das ist wichtig, dass ich jetzt den Robi erwisch'.

Zwischendurch hab ich den Michi Hadschieff angerufen, der damals mit meiner Schwester befreundet war, und habe ihn gebeten, schnell zu kommen, er muss die Kinder zu sich nehmen.

Ein paar Minuten später war die Rettung da, fast gleichzeitig der Michi Hadschieff, er hat die Kinder geschnappt und hat sie zu Erich Philippitsch gebracht, bei dem wir ja am Abend zu Gast sein sollten.

„DER GÜNTHER WOLLTE NICHT, DASS ICH DIE RETTUNG RUFE, ALSO HAB ICH GEFLÜSTERT"

Beim Gehen hab ich gesehen, dass der Günther versucht, das Sweatshirt mit dem Kopf durch den Ärmel anzuziehen. Da ist es mir kurz ganz heiß geworden."

Ein paar Minuten später war die Rettung weg, Michi Hadschieff, der frühere Weltklasse-Eisschnellläufer, Freund der Familie, hatte die Kinder übernommen. Im Haus der Familie Mader, die damals noch in Hötting oberhalb von Innsbruck wohnte, war es ganz ruhig.

„Ich hab gewusst, ich muss jetzt nur mehr den Robi erwischen, dann kann ich auch ins Spital fahren.

Zehn, fünfzehn Minuten hab ich's dauernd probiert, nicht aufgegeben, aber ich war ganz ruhig dabei, überhaupt nicht panisch, ich war auch sicher, dass ich ihn erwisch'. Dann endlich, beim fünfzigsten Mal Läuten, hat die Christine abgehoben, seine Freundin, die gerade nach Hause gekommen ist. Ich hab sie gebeten, dem Robi auszurichten, dass der Günther im Spital ist. Auch dieses Telefonat hat höchstens ein paar Sekunden gedauert.

Damit war auch das erledigt, wie auf einer Checkliste hab ich einen Punkt nach dem anderen in meinem Kopf abgehakt.

Ich habe gewusst, wenn der Robi dabei ist, kann ich mich drauf verlassen, dass nichts schief geht. Das war wichtig."

Ein winziger Moment des Durchatmens, in einen Pullover schlüpfen, ins Auto setzen. Das Dringendste war erledigt, Ingrid konnte ins Spital fahren.

Der Zustand, in dem sie sich befand, war wahrscheinlich vergleichbar mit dem von Günther bei einem großen Rennen: extrem konzentriert, ganz ruhig, zugleich aufs Höchste angespannt.

„Ich war auch irgendwie nicht überrascht von dem, was passiert ist. Schwer zu beschreiben, wieso. Ich hatte natürlich nicht damit gerechnet, dass der Günther plötzlich zusammenbricht und nicht mehr weiß, wie man einen Pullover anzieht. Aber ich war schon seit dem Fußballspiel in einem eigenartigen Zustand, irgendwie unruhig, wie in einem Bereitschaftsdienst, könnte man sagen. Obwohl die Blutwerte gepasst haben und das Röntgen nichts Außergewöhnliches ergeben hat, war ich nicht beruhigt. Ich habe gespürt, dass da irgendwas nicht gestimmt hat. Dieses räuspernde Husten vom Günther, alle paar Minuten seit diesem Montagabend vor eineinhalb Wochen, jedes Mal war das ein ganz kleiner Schreck für mich, nicht einmal das, nein, nur eine ganz kleine Beunruhigung im Unterbewusstsein.

Jetzt bei meiner Fahrt ins Krankenhaus habe ich gewusst, es ist irgendwas Fürchterliches passiert. Aber ich habe auch gewusst, dass alles gut wird. Ich habe das gespürt, ich war völlig sicher, das war ich dann auch die ganze Zeit danach.

Mir waren ein paar Sachen besonders wichtig: dass der Robi im Spital ist, um dort alles in die richtigen Bahnen zu lenken, vor allem. Und mir war wichtig, dass der Andi Lotz mit den Ärzten reden kann. Weil der Andi als einziger ja medizinisch wusste, was passiert war.

Der Andi hatte ganz neu ein Handy, und er hatte es zum ersten Mal dabei, als er nun im Burgenland war, deswegen konnte er dann spätabends mit den Ärzten telefonieren und ihnen auch als Arzt genau schildern, was passiert war.

Das war aber bei weitem nicht das einzige Glück, das wir hatten. Man muss sich nur vorstellen, was passiert, wenn ich nicht bügle, sondern mich hinlege und ein bisschen schlafe – wird der Günther dann je wieder aufwachen? Oder was passiert, wenn der Günther seinen ersten Schlaganfall eine halbe Stunde später hat? Dann sitzen wir alle vier im Auto auf dem Weg zum

Abendessen, und er wird ohnmächtig und fährt vielleicht in einer Kurve auf der Bergstraße geradeaus. Niemand hätte eine Ahnung gehabt, warum. Wir hätten alle tot sein können. Es hätte so wahnsinnig viele Möglichkeiten gegeben, dass er diesen Nachmittag nicht überlebt oder dass er schwerste Schäden davonträgt. Wir hatten so viel Glück ...“

Im Spital war Günther nach den ersten Untersuchungen ansprechbar, und das sogar relativ normal – auch wenn er sich selbst heute nicht mehr daran erinnern kann.

„Ich konnte mit dem Günther sprechen, ich war kurz bei ihm im Zimmer, Robi war gottseidank da. Um zehn hat mich dann der Michi Hadschieff abgeholt und nach Hause gebracht. Robi hat gesagt, er bleibt beim Günther im Spital und meldet sich noch bei mir, wenn er nach Hause fährt. Das hat er dann auch getan, um Mitternacht, vielleicht halb eins. Er hat angerufen und gesagt, dass die Ärzte zufrieden sind, Günther ist stabil, es passt alles, ich soll mich jetzt niederlegen.“

Ingrid ging schlafen. Bis sie um sechs Uhr früh vom Läuten des Telefons aufgeschreckt wurde.

„Das Telefon hat geläutet, es war noch dunkel draußen, ich war in der Sekunde hellwach, wie mit dem Schalter aufgedreht. Der Robi war dran, ich soll schnell in die Klinik kommen, der Günther ist unstabil, hat er gesagt, er hat schon geredet wie ein Arzt – ‚unstabil‘ hat er gesagt, ich erinnere mich noch genau. Ich wusste ja nicht, was das Wort genau medizinisch bedeutet, aber dass es nichts Gutes heißt, war natürlich sofort klar. Gleich drauf hat die Astrid angerufen, die Freundin vom Stephan, auch sie hat es schon gewusst.

Jaja, hab ich nur kurz gesagt, ich bin schon unterwegs.

Eine Minute später bin ich im Auto gesessen.“

Günthers Eltern warteten schon vor der Tür zur Intensivstation, Robert Trenkwalder natürlich, alle fassungslos.

Günthers Mutter, die auch mehr als fünf Jahre danach über diese Stunden noch nicht reden kann, war

„DEM ROBI SIND DIE TRÄNEN GEKOMMEN, WIE ER DEN GÜNTHER DA LIEGEN GESEHEN HAT“

kurz in der Intensivstation gewesen. Die bizarre Szenerie hatte ihr schwer zugesetzt: Günther schwebte in allerhöchster Lebensgefahr. Äußerlich aber war er vollkommen unversehrt, braungebrannt, muskulös, wie er da in dem weißen Zimmer lag, angeschlossen an Dutzende Schläuche.

Ingrid warf einen flüchtigen Blick durch die Glastür in die Intensivstation und sah, wie sich ein Arzt, den sie schon länger vom ÖSV gekannt hatte, von ihr wegdrehte, er hatte Tränen in den Augen.

„Das war ein fürchterlicher Moment, als sich der Arzt schnell wegdreht, damit ich nicht sehe, dass er weint. Er hat aber bemerkt, dass ich seine Tränen gese-

hen habe, und ist dann herausgekommen. Er hat meine Hand gehalten und gesagt:

Jetzt muss er kämpfen, der Bursche."

Um vier Uhr, fünf Uhr früh hatte Günther zwei schwere Schlaganfälle erlitten. Die Ärzte der Innsbrucker Klinik, Leiter des Teams war Dr. Erich Schmutzhard, hatten ihm davor das Blut verdünnt, nur deswegen überlebte Günther.

Das Blutverdünnen war ein hohes Risiko – jede kleinste innere Verletzung hätte Günther verbluten lassen können –, aber die Ärzte hatten sich dafür entschieden.

Dieses Risiko einzugehen hatte Günthers Leben gerettet – zumindest vorerst, denn die nächsten 48 Stunden, sagten die Ärzte deutlich, müsse man mit allem rechnen. Günther könne in jeder Sekunde einen neuerlichen Schlaganfall erleiden, den würde er vermutlich nicht mehr überleben.

„*Ich bin dann mit Robi ins Zimmer zum Günther und hab ihn da liegen gesehen. Dem Robi sind die Tränen runtergeronnen, wie er den Günther da liegen gesehen hat.*

Die ersten paar Tage bin ich dann nicht mehr zurück nach Hause gefahren, sondern bin in der Stadt geblieben, hab bei Robi und Christine gewohnt, am Anfang haben auch Günthers Eltern hier geschlafen. Wir wollten alle in der Nähe vom Günther sein. Nicht so sehr, um im Notfall schnell im Spital sein zu können, sondern um ihm gemeinsam Kraft zu geben. Wir sind am Abend zusammengesessen wie eine verschworene Gemeinschaft, wie ein spiritueller Kreis, der gemeinsam an ihn gedacht hat.

Ich hatte aus seinem Spitalszimmer den Ehering mitgenommen und einen Stein, den er immer um den Hals getragen hat, ein Geschenk vom Andi Lotz. Den Ehering und den Stein haben sie ihm im Krankenhaus abgenommen, ich hab sie dann zu mir genommen und die ganze Zeit fest in der Hand gehalten.

Wenn ich allein war, habe ich dann begonnen, mit mir selbst zu reden. Er wird's schaffen, hab ich gesagt, er wird das überleben, er wird das überleben. – Ich hab dann immer lauter geredet, und es war gut, dass ich meine Stimme hören konnte, die das Wort „überleben" gesagt hat.

Es wäre für mich auch nicht so schlimm gewesen, wenn er Schäden davongetragen hätte, körperlich, geistig, das hat für mich nicht gezählt.

Für mich war nur wichtig, dass er überlebt."

NICHT MEHR VON DER SEITE

Robert Trenkwalder hatte Angst, Günther zu verlieren, wie er seinen Freund Bruno Pezzey verloren hatte.

Ich war an diesem Freitagnachmittag beim ÖSV, ich hatte ein Angebot, das haben wir besprochen. Als ich aus dem ÖSV-Büro rausgegangen bin, hat sofort mein Handy geläutet. Dran war die Christine. Sie hat gesagt, der Günther ist im Spital, ich soll so schnell wie möglich hinfahren. Das Spital ist ganz in der Nähe vom ÖSV-Büro, ich war drei, vier Minuten später dort, fast gleichzeitig mit dem Günther, den sie gerade in den Behandlungsraum gebracht hatten.

Ich hab mich vorgestellt und gleich als Erstes gesagt, ich möchte wissen, wer die behandelnden Ärzte sind. Die Schwestern wollten mich natürlich beruhigen, haben gesagt, ich brauch mir keine Sorgen machen, sehr freundlich waren sie. Ich hab aber darauf bestanden: Jetzt sofort will ich wissen, wer den Günther behandelt, auf der Stelle. – Ich war da sehr … bestimmt.“

Trenkwalders Bestimmtheit hatte einen Hintergrund: Einer seiner besten Freunde, der frühere Weltklasse-Fußballer Bruno Pezzey, war ähnlich wie Günther zusammengebrochen und ins Spital gebracht worden. Trenkwalder erinnerte sich, wie er an jenem Silvesterabend 1994 ins Krankenhaus geeilt war, im Warteraum Pezzeys Frau, die sich wie empfohlen „keine Sorgen“ machte – und der dann mitgeteilt wurde, dass man für ihren Mann nichts mehr hatte tun können.

Trenkwalder hatte damals keinen Wirbel im Krankenhaus geschlagen, hatte gewartet, hatte Geduld gehabt. Er hätte den Freund nicht retten können, Pezzey war an einem Herzanfall gestorben. Dennoch: Trenkwalder warf sich nach Pezzeys Tod vor, nicht alles für den Freund getan zu haben.

„Ich hab ja eigentlich blind einen Wirbel geschlagen; aus der Sicht der Ärzte natürlich ein Wahnsinn. Wenn da jeder kommt … aber ich habe das Gefühl gehabt, da muss jetzt was passieren. Ich konnte nicht zusehen und nichts tun. Wenn jemand gesagt hat, ich soll ein bisschen Geduld haben, dann hab ich gesagt: Ich hab keine Geduld. Nicht einmal ein bisschen. – Ich kann ja in solchen Situationen recht schroff sein auch.

Ich hab dann weiter Druck gemacht, dass der Günther in die Neurologie verlegt wird. Dort hat der Professor Schmutzhard Dienst gehabt, der wahrscheinlich beste Arzt, den's in diesem Fachgebiet gibt. Das war eigentlich das größte Glück.“

Trenkwalder blieb bis etwa Mitternacht im Spital; bei Günther im Zimmer, bei den Untersuchungen, bei den Ärzten. Trenkwalder sprach sich mit Schmutzhard ab, Ingrid hatte ihn ja sozusagen zum Koordinator ernannt. Trenkwalder ging heim, nachdem ihm Schmutzhard versichert hatte, dass alle nötigen und möglichen

Checks durchgeführt worden seien, weitere Untersuchungen für Günther zu strapaziös wären – und dass man davon ausgehen musste, dass die Nacht ohne Komplikationen verlaufen würde.

„Der Günther war okay während der Tests. Man konnte auch mit ihm reden. Er war gehemmter als sonst, aber mir ist er doch sehr stabil vorgekommen.“

Ein wesentliches Thema war das der Blutverdünnung, der künstlichen Verringerung der Blutgerinnung. Sie war möglicherweise wichtig, um die Blutgerinnsel, die irgendwo in Günthers Blutbahn unterwegs waren und zu verstopfen drohten, zu lösen oder zumindest aufzulockern. Auf der anderen Seite hätte die kleinste innere Verletzung genügt, und Günther wäre nach einer solchen Blutverdünnung verblutet.

Trenkwalder hinterließ seine Handy-Nummer und die von Günthers Eltern, als er das Spital verließ.

„Irgendwann sehr früh am Morgen ist der Anruf von Günthers Vater gekommen, dass es Komplikationen gibt. Ich hab sofort den Professor Schmutzhard angerufen; im Hintergrund war schon zu hören, dass es turbulent zugeht. Schmutzhard hat bestätigt, dass etwas passiert ist. Es ist etwas eingetreten, hat er gesagt, womit sie nicht gerechnet haben: Günther hat in der Nacht einen sehr heftigen Schlaganfall gehabt.

Ich hab dann gar nicht mehr weitergeredet, sondern bin sofort ins Auto und ins Spital gerast.

Dann ist eigentlich die schwerste Zeit losgegangen.“

Die Ärzte konnten Günther vorerst retten. Aber der schwere Zwischenfall in der Nacht bedeutete höchste Lebensgefahr – für die nächsten 48 Stunden, wie die Ärzte betonten. Das größte Problem war die befürchtete weitere Anschwellung des Gehirns. Logische Folge davon wäre die schwere Beschädigung oder gar das Absterben immer weiterer Hirnzentren gewesen.

In diesem Fall lässt das medizinische Vokabular auch für den Laien erahnen, was die Konsequenz wäre: Man hätte, wie es heißt, „operativ Platz für das Gehirn schaffen müssen“ – es bestand also unmittelbare Gefahr, dass Günthers Schädel geöffnet werden musste, um dem selbstzerstörerischen Druck des Gehirns nachzugeben. Und selbst diese radikale Maßnahme hätte ja nur Reaktion sein können – auf eine Anschwellung in einem Ausmaß, das bereits unweigerlich dramatische Schäden bedeutet hätte.

„Ich hab dann zu den Ärzten gesagt, ich werde nicht mehr von Günthers Seite weichen, bis alles überstanden ist, so oder so. Ich hatte von der Ingrid und von Günthers Eltern das Okay, das Vertrauen, dass ich das alles koordiniere. Ich wollte, auch wenn ich medizinischer Laie war, in alles involviert werden, in wirklich alles.“

In der Zwischenzeit waren Gerüchte über eine schwere Erkrankung Günthers nach außen gesickert – es war noch Samstag, als die ersten Journalisten vor dem Krankenhaus auftauchten …

ZURÜCK INS LEBEN

48 Stunden akute Lebensgefahr. Dann unendliche Mühen – und sensationelle Erfolge: Die Tage, Wochen und Monate nach dem Schlaganfall. Gesehen aus Günthers eigener, aus Ingrids und aus Robert Trenkwalders Perspektive.

SCHRITT FÜR SCHRITT

„Zweieinhalb Wochen nach meinem letzten Weltcup-Rennen saß ich an einem Tisch in einem Zimmer der Klinik, vor mir bunte Bausteine. Ich versuchte, daraus einen Turm zu bauen. Es gelang mir nicht."

Später habe ich dann ja erfahren, dass ich wohl auch Samstag wach war, aber daran kann ich mich nicht erinnern. Sonntagmittag, das weiß ich, habe ich wahrgenommen, dass ich in einem kleinen Raum in der Intensivstation der Klinik liege, an tausend Schläuche angeschlossen.

Ich konnte nur sehr unscharf sehen, wie durch Milchglas, war wahnsinnig müde, träge, wie nach dem Aufwachen aus einer Narkose. Ich war sogar zu träge, um zu merken, dass meine rechte Körperhälfte gelähmt war, vom Kopf bis zu den Zehen. Ich lag da in meinem Spitalsbett, war im Kopf hellwach, aber auch nur die geringste Bewegung strengte mich unendlich an – sogar die Augen offen zu halten war ein riesiger Kraftaufwand.

Ich erkannte Ingrid im Zimmer, Robi, Ärzte waren auch da. Die Ärzte sprachen zu mir. Ich kann mich noch erinnern, dass ich zwar genau verstand, was sie sagten, aber dass ich das für kompletten Nonsens hielt, für Blödsinn, absurd. Ich wusste überhaupt nicht, was mit mir passiert war. Und es war mir völlig unklar, was die Ärzte überhaupt von mir wollten. Die Ärzte sagten, ich sei auf der rechten Seite gelähmt. Ich konnte das verstehen, akustisch und inhaltlich, aber ich reagierte überhaupt nicht drauf, weder zu den Ärzten noch mit einer Gefühlsregung in mir. Ich war sicher, da stehen ein paar Irre im Ärztekittel und wollen mir einreden, dass ich gelähmt bin. Absurd, dachte ich, die ticken nicht richtig. Und habe einfach so getan, als würde ich sie nicht hören. Wie ein kleiner Bub, wie ein sturer, kleiner Bub. Ich blieb einfach liegen und schaute ins Leere – was auch das Angenehmste war, was ich tun konnte, denn Arme, Beine und Augenlider waren ja schwer wie Blei.

Ingrid und Robi standen in meinem Zimmer. Ich habe sie sehr unscharf gesehen, nur schemenhaft, ich erkannte sie trotzdem, wusste, wer sie sind. Aber ich wusste ihre Namen nicht. Ich hatte das Ingrid-Gefühl und das Robi-Gefühl, aber ich hätte zu Robi nicht sagen können: „Hallo, Robi."

Zugleich mit dieser Sturheit gegenüber den Ärzten und gegenüber dem, was sie mir sagten, mit dieser Trotzigkeit gegenüber meiner Situation, hatte ich immer wieder, nur Momente lang, riesige Angst. Ich wusste überhaupt nicht, was mit meinem Körper passiert war. Ich hatte schon gemerkt, dass da nicht alles in Ordnung war. Aber ich war dann auch zu müde, um diese Ahnung durchzudenken. Da war nur eine düstere, ungewisse Ahnung.

Es muss Dienstag oder Mittwoch gewesen sein, als sie mich von den Schläuchen nahmen.

Ich kann mich an das erste Essen erinnern, das sie mir brachten, auf einem Tablett, daneben das Besteck. Ingrid wollte mir helfen, aber ich wollte selbst essen, ohne fremde Hilfe. Ich war ja mittlerweile zwischendurch immer ein paar Minuten ziemlich wach, also nicht mehr so bleiern müde, und in dieser Zeit hatte ich natürlich herausgefunden, dass die rechte Körperhälfte nicht funktionierte. „Nicht funktionierte" ist sogar zu viel gesagt: Die rechte Körperhälfte war einfach nicht vorhanden, ich spürte sie nicht. Wenn ich mit der linken Hand auf die rechte griff, um zu überprüfen, ob da noch etwas war, berührte ich die Haut eines Fremden. Ich spürte diesen Kontakt nur mit der linken Hand, rechts überhaupt nicht, null. Genauso war's, wenn ich auf die rechte Gesichtshälfte getastet habe – da war zwar etwas, aber das war etwas Fremdes, eine fremde Wange, ein fremdes Ohr.

Bei diesem ersten Essen, man könnte es so sagen, begann ich mit der Therapie. Ich kann mich genau an die Situation erinnern: Ich nahm mit der linken Hand die Gabel und analysierte die Bewegung, die nötig war, um die Gabel ins Essen zu führen. Ich versuchte mir, diesen komplizierten Bewegungsablauf zu merken. Dann fixierte ich die Gabel in der leblosen rechten Hand und versuchte, dieselbe Bewegung zu rekonstruieren. Das funktionierte natürlich nicht einmal im Ansatz, weil der rechte Arm ja schlaff neben mir auf dem Bett lag wie eine tote Schlange. Aber ich konzentrierte mich mit aller Kraft auf diesen Arm und versuchte, ihn zu bewegen.

Der Arm lag da, unbarmherzig schlaff, tot, fremd, und zwischen den Fingern war diese Gabel.

Das war meine erste Therapie-Einheit und mein erster Rückschlag.

Am Abend zeigten sie ein Fußballmatch im Fernsehen. Ich konzentrierte mich auf den Bildschirm, ich wollte diesem Spiel folgen – und dachte, dass mir das

WENN ICH AUF DIE RECHTE HÄLFTE MEINES GESICHTS TASTETE, FÜHLTE ICH EINE FREMDE WANGE

auch gelang. Dann schrie der Kommentator „Tor!, Tor!". Ich sah aber kein Tor. Ich hatte mit meinen Augen den Bildschirm nicht fixieren können, das Bild rutschte mir aus dem Blick wie eine Forelle, die man mit der Hand fangen möchte.

Danach schlief ich sofort ein.

Es war alles unbeschreiblich anstrengend. Zwei, drei Bissen zu essen, auch wenn ich gefüttert wurde – sofort schlief ich ein vor Erschöpfung.

Oder auch zu reden – ich konnte zwar reden, aber nur so, wie man nach dem Besuch beim Zahnarzt redet, nach einer Spritze, ich sprach nur mit der linken Hälfte des Mundes, rechts war ja alles taub. Ingrid nahm immer wieder ein Tuch, wischte mir die rechte Seite des Gesichts ab, wenn mir Speichel aus dem Mundwinkel getropft war. Ich spürte das nicht …

Ich versuchte aber, mit Ingrid und mit Robi zu reden. Mir fiel auf, dass mir – offenbar aus Müdigkeit, wie ich dachte – viele Wörter nicht einfielen. Ich konnte nicht sagen „Ich kann meinen rechten Arm nicht bewegen", ich konnte nur sagen „Das geht nicht".

Dass mir die Worte fehlten, lag nicht an der Müdigkeit. Es lag an den Schlaganfällen. Es waren, aus heutiger Sicht, geschätzte 85 Prozent meines Wortschatzes verloren. Alles, was ich als Kind gelernt hatte, war gelöscht, wie Daten nach einem kapitalen Festplatten-Absturz. Alle Programme weg, alle Files.

Und wie ich bald bemerken sollte, war nicht nur der Wortschatz in Mitleidenschaft gezogen – sondern auch alles andere.

Ich musste völlig bei Null wieder beginnen. Ich war aber nicht verblödet, ich war voll da, wachsam. Ich beobachtete immer aufmerksamer alles, was um mich herum passierte. Ich verstand auch, was andere sagten, aber ich konnte selbst die Wörter nicht verwenden.

Ich muss ausgesehen haben wie ein unrettbarer Pflegefall, ich wirkte ja völlig abwesend, wie ich so dalag. Aber ich war hellwach. Ich merkte ganz genau, wie verzweifelt Robi und Ingrid waren. Ich konnte das sehen, hören, spüren. Aber ich konnte nicht sagen: „Hey, macht euch keine Sorgen, das wird schon wieder! Ich bin sicher bald wieder auf den Beinen!"

Das konnte ich nicht. Weil mir das Wort „Sorgen" nicht eingefallen wäre, „wieder", „bald", „Beine" – ich konnte diese Wörter zwar verstehen, wenn sie jemand anderer verwendete, aber sie waren nicht greifbar, wenn ich sie einsetzen wollte.

Was mit mir passiert war, wusste ich immer noch nicht. Auch wenn wohl Ärzte in der Zwischenzeit ganz deutlich zu mir gesprochen hatten. Aber das Wort „Schlaganfall" hatte ich als Kind das letzte Mal gehört, als meine Großmutter mit 93 kurz vor ihrem Tod plötzlich nicht mehr ordentlich gehen konnte.

Schlaganfall? Das war was für ganz alte Leute kurz vor dem Tod.

Ich hatte ja nie etwas mit Krankheit zu tun gehabt. Ich war Hochleistungssportler, Spitzensportler, zwei Wochen davor noch stark genug, um beim Weltcup-Finale zu starten, als Mitglied der österreichischen Ski-Nationalmannschaft, der besten der Welt.

Was sollte ich mit Krankheit zu tun haben?

Und dann saß ich zweieinhalb Wochen nach meinem letzten Weltcup-Rennen an einem Tisch in einem Zimmer der Uni-Klinik Innsbruck, vor mir ein Berg bunter Legosteine, der großen Steine, wie man sie Zwei-, Dreijährigen gibt. Ich versuchte mit aller Kraft, daraus einen Turm zu bauen.

Es gelang mir nicht.

Dann versuchte ich, mir zum Beispiel das Wort „Turm" zu merken. Es gelang mir nicht.

Ich behielt zu Beginn ein Wort erst, wenn man es mir Dutzende Male gesagt hatte, wenn ich es selbst

Dutzende Male verwendet hatte. Jedes einzelne zurückgewonnene Wort war nicht wie ein Schritt zurück Richtung Mount Everest, sondern wie ein ganzer Gipfelsieg. Für jedes einzelne Wort waren hunderte, tausende einzelne Schritte nötig, jeder unbeschreiblich mühsam wie in dünner Luft, und ich ging auf Geröll – ein Schritt vor, zwei zurück.

Die Therapie strengte mich unglaublich an. Nach zwanzig Minuten war ich völlig erschöpft, nicht mehr aufnahmefähig, fiel ins Bett, schlief drei, vier Stunden.

Nachdem ich aufgewacht war, ging's weiter: üben, trainieren, Wörter suchen, Bewegungen erlernen, die einfachsten, kleinsten.

Und Rückschläge verkraften, dauernde Rückschläge.

Ich beobachtete mich dabei, wie mir Wörter nicht einfielen, die jedes kleine Kind beherrschte.

Ich hörte mich lallen mit meinem halb gelähmten Mund wie einen Betrunkenen.

Ich wirkte nach außen wie schwerst behindert – und ich beobachtete mich dabei. Es war wie ein Albtraum.

Ein Albtraum, dem ich entfliehen wollte, um jeden Preis. Ich wusste, der einzige Weg zurück ins Leben, der einzige Weg raus aus diesem Traum, war Training. Jeden Tag, jede Stunde. Schlafen, essen, trainieren. Und Rückschläge verkraften, so hart, wie ich sie nie erlebt hatte in zwanzig Jahren Leistungssport. Was ich am Vortag unter unendlichen Mühen gelernt hatte, hatte ich wieder vergessen. Wieder musste ich es erlernen.

„Turm."

„Baustein."

An einem Tag gelernt, am nächsten vergessen.

Die Wochen im Spital waren das härteste Trainingslager meines Lebens.

Dass ich diese Wochen durchgestanden habe, dass ich die Kraft und die Konsequenz behalten habe, dass ich nicht aufgegeben habe – das habe ich dem Sport zu verdanken. Man kann es wahrscheinlich nur in wenigen Fällen so berechtigt sagen wie in meinem: Der Sport hat mir das Leben gerettet.

„Leben gerettet" meint auch, dass mein Körper stark genug war, die unglaublichen Belastungen des Schlaganfalls zu überstehen. „Leben gerettet" heißt aber vor allem, dass mein Wille stark genug war, die nächsten Wochen an meinem „Comeback" zu arbeiten.

Ich hatte mir in den zwanzig Jahren Spitzensport, in den fast 30 aktiven Jahren Rennlauf eine Konsequenz anerzogen, eine Zähigkeit, eine Fähigkeit, Situationen nicht zu bejammern, sondern mich ihnen zu stellen. Diese Konsequenz war jetzt mein größtes Kapital und meine einzige Chance.

Diese Fähigkeit, im Sport erlernt, war die Voraussetzung, dass ich die nächsten Wochen – und es waren die wichtigsten der Rehabilitation, die entscheidenden für den Rest meines Lebens – durchstehen konnte.

An dem Tisch mit den Bausteinen saß nicht nur ich, da saßen auch andere Patienten. Arme Menschen, bemitleidenswerte Menschen, die diese Kraft, die ich hatte, nicht hatten. Die dieses Glück, das ich hatte, nicht hatten. Ich ging jeden Tag mit neuer Kraft und neuer

Zuversicht in mein Training, steckte mir Ziele und versuchte sie zu erreichen – wie die letzten dreißig Jahre schon. Auch wenn ich mich benahm wie ein Zweijähriger: Ich war in dieser Therapie Hochleistungssportler und fühlte mich in gewisser Weise auch so. Ich sah eine Herausforderung darin, aus diesen bunten Bausteinen einen Turm zu bauen – genauso, wie ich den Steilhang in Kitzbühel als Herausforderung gesehen hatte.

Die meisten der anderen Patienten waren dazu nicht in der Lage. Es war auf der einen Seite fürchterlich zu sehen, wie manche Patienten an ihrem Schicksal zerbrachen, wie sie sich aufgaben, in sich zusammensackten. Es war auf der anderen Seite – wieder dieser grausame Instinkt des Spitzensportlers! – ein Gradmesser, wie sehr ich mich verbesserte. Trotz der Dutzenden, hunderten, tausenden beinharten Rückschläge, die ich immer noch jeden Tag zu verkraften hatte.

Es klingt brutal: Dass ich bemerkte, wie viel größer mein Vorsprung auf die anderen Patienten in der Therapie jeden Tag wurde, war eine Orientierung. Und diese Orientierung motivierte mich zusätzlich.

Mein Kampfgeist war geweckt, schon nach wenigen Tagen. Als mich die Schwester zum ersten Mal zur Dusche getragen hatte und mich allein ließ, duschte ich nicht – sondern ließ abwechselnd eiskaltes und brennheißes Wasser über den rechten Arm und das rechte Bein laufen, um sie aufzuwecken, um wieder Gefühl hinein zu bringen. Ich klemmte den Duschkopf unters Kinn, drehte mit der linken Hand das heiße Wasser auf, duschte Arm und Bein ab, minutenlang, bis die Haut knallrot war – ich spürte natürlich überhaupt nichts! –, klemmte den Duschkopf wieder unters Kinn, drehte mit der linken Hand das heiße Wasser ab und das kalte auf, nahm die Dusche wieder in die linke Hand, richtete den eiskalten Wasserstrahl auf den rechten Arm und das Bein.

Heiß, kalt, heiß, kalt. Minutenlang ging das so.

Da saß ich in meiner Duschkabine auf einem Plastikschemel, die rechte Seite gelähmt, mit dieser verzerrten Grimasse, weil meine linke Gesichtshälfte von der Anstrengung angespannt war, die rechte schlaff und starr, leer.

Aber ich hatte den Kampf aufgenommen und war wild entschlossen, ihn nicht zu verlieren.

Auch wenn ich Hunger hatte: Ich versuchte, die Millimeter, die Zentimeter, die ich meinen rechten Arm wieder bewegen konnte, dazu zu benützen, mit der rechten Hand das Besteck zum Mund zu führen.

Das dauerte ewig. Das Essen war kalt, die Bettdecke voller Essensreste. Aber nur wenn der Hunger zu groß wurde, erlaubte ich mir, die linke Hand zu verwenden, und nur für einen Bissen. Dann drückte ich die Gabel wieder in die rechte Hand, fixierte sie zwischen den Fingern und konzentrierte mich auf den rechten Arm, bis mir die Schweißperlen von der Stirn übers Gesicht liefen. Wenn sie auf der linken Gesichtshälfte runterliefen, spürte ich sie, auf der rechten Seite nicht.

Zentimeter für Zentimeter kam ich im Lauf der Tage mit der rechten Hand näher zum Mund. Dann schaffte ich's bis ganz hinauf, schaffte es, den Ellbogen so weit abzuwinkeln, den Arm so weit zu heben, dass ich einen Löffel mit ein paar Reiskörnern bis zum Gesicht hob. Dass ich den Mund verfehlte und den Löffel an der Wange kippte, dass kein einziges Reiskorn im Mund landete, sondern alles auf dem Bettzeug – egal.

Es war ein Triumph. Ganz anders, ja, aber in diesem Moment ebenso viel wert wie der Sieg auf der Streif 1996 zwei Jahre und zwei Monate davor.

Auch am Abend hatte ich ein Ziel: Bis zu den Fernseh-Sportnachrichten um acht Uhr wollte ich durchhalten. Vorher wollte ich mir nicht erlauben einzuschlafen. Ich wehrte mich gegen den Schlaf – ich schlief ja zwölf, 14, manchmal 16 Stunden jeden Tag –, aber hatte zunächst keine Chance gegen meine Müdigkeit, um sechs, halb sieben, sieben war der Kampf verloren, fiel ich in einen erschöpften Schlaf.

Doch auch den Acht-Uhr-Sport schaffte ich nach ein paar Tagen. Als ich danach vollkommen erschöpft die Augen zumachen durfte, hatte ich wieder ein Ziel erreicht – der Acht-Uhr-Sport als Erfolg: Nicht Thema zu sein wie zwei Wochen davor beim Karriere-Ende, sondern so lange gegen den Schlaf ankämpfen zu können, dass ich ihn ansehen konnte.

Was draußen in der Welt passierte, bekam ich überhaupt nicht mit. Robi hatte in seiner eher direkten Art alle, die mich besuchen wollten, abgewimmelt – mit gutem Grund. Denn jeder Besuch hätte gerade in den ersten zehn Tagen nach dem Schlaganfall sehr viel Kraft gekostet, Kraft, die ich für die Therapie brauchte, und die war in diesen ersten Tagen besonders wichtig. In den ersten Tagen, hatten die Ärzte gesagt, werden die Weichen gestellt, da entscheidet sich, wie viel des beim Schlaganfall Verlorenen man zurückgewinnt.

Außer Robi und den Ärzten hatte ich nur Kontakt mit Ingrid und mit meinen Eltern. Vor allem meine Mutter war in keinem guten Zustand. Sie heulte jedes Mal, wenn sie mich sah – bis auch ich heulte. Dann versuchte sie, mich zu trösten, und ich sie, soweit mir das mit meinem 15-Prozent-Wortschatz und meinem bizarr verzerrten Gesicht möglich war.

DER ERSTE LÖFFEL, DEN ICH ANS GESICHT HOB, WAR EIN TRIUMPH WIE DER SIEG AUF DER STREIF

Ingrid half mir sehr mit ihrer unglaublich positiven Art, mit ihrer Fröhlichkeit. Auch wenn wir manchmal gemeinsam heulten, wenn sie mir von zuhause erzählte, von den Kindern, war sie es, die mir in diesen Tagen und Wochen wohl die meiste Kraft gegeben hat. Ingrid half mir auch dabei, dass ich mir helfen ließ – auch bei den alltäglichsten Dingen. Der Sturz vom hohen Ross des perfekten Athleten, der keine fremde Hilfe braucht, war zu Beginn schmerzhaft …

Ich sprach auf die Therapie in einer Weise an, wie das die Innsbrucker Ärzte nie zuvor gesehen hatten. Nachdem die unmittelbare Lebensgefahr zwei Tage nach dem ersten Schlaganfall gebannt war, hofften sie, dass ich in einem halben Jahr vielleicht wieder würde beginnen können zu gehen. Tatsächlich spazierte ich nach zwei Wochen auf dem Gang vor meinem Zimmer auf und ab. Wobei „spazieren“ nicht ganz das richtige Wort ist: Ich hatte im rechten Bein überhaupt kein Gefühl. Ich humpelte ein paar Schritte, extrem langsam, extrem vorsichtig, auf eine Therapeutin gestützt oder auf Ingrid, auf Robi.

Wie schwer es war, wie langsam es ging, zeigt ein Beispiel aus der zweiten oder dritten Woche der Therapie: Die Therapeutin brachte mir bei, wie die Finger heißen, Daumen, Zeigefinger, Mittelfinger, Ringfinger, kleiner Finger. Langsam, Finger für Finger gingen wir sie durch. Nachdem ich alle fünf aufzählen konnte, machten wir Pause, übten dann etwas anderes.

Fünf Minuten später ihre Frage:

Wie heißen die Finger, Herr Mader?

Ähhh …

Alles wieder weg.

Mehr als ein Wort auf einmal lernen zu wollen war zwecklos. Ich musste lernen, mit mir selbst unendliche Geduld zu haben, nichts erzwingen zu wollen – trotz des riesigen Ehrgeizes, den ich hatte.

Der Ehrgeiz musste gezügelt werden. Denn ähnlich wie beim Übertraining bei einem Sportler, der sich durch zu viel Training verschlechtert statt verbessert, richtet man auch in der Therapie durch ein Zuviel Schaden an: Stress war besonders gefährlich – wenn ich gestresst war, verlor ich Wörter oder Fähigkeiten wieder, die ich bereits gelernt hatte.

Mehr als ein Wort auf einmal zu erlernen, das sollte mir erst im Juli zum ersten Mal gelingen, vier Monate nach dem Schlaganfall.

Genau vier Wochen verbrachte ich in der Intensivstation der Innsbrucker Uni-Klinik, dann konnte ich nach Hause gehen, freilich musste ich jeden Morgen wieder ins Spital zur Therapie kommen.

Ingrid packte uns drei ins Auto, Carina, Michi und mich. Zuerst lieferte sie Michi im Kindergarten ab, dann Carina in der Schule, dann mich im Spital.

Ich versuchte, so schnell wie möglich ein möglichst normales Leben zu führen. Ich vereinbarte Termine beim Steuerberater und bei der Bank. Vor den Terminen war ich nervös wie früher vor einem Rennen. Dort saß ich dann mit meinem Minimal-Wortschatz, ich sprach auch langsamer als davor, und dachte oft zwanzig, dreißig Sekunden über ein Wort nach.

Die meisten Leute wussten nicht, was mir passiert war. Und die, die von dem „neurologischen Zwischenfall“, wie in den Zeitungen stand, gelesen hatten, wussten natürlich nicht, wie schlimm meine Schlaganfälle wirklich gewesen waren.

Körperlich konnte man mir kaum etwas ansehen. Braun gebrannt, strahlende Augen – ich sprach nur etwas langsamer als sonst, setzte meine Schritte etwas vorsichtiger, und nur wer mich genau beobachtete, sah, dass ich meinen rechten Fuß ein bisschen nachzog.

Das größte Abenteuer war das Einkaufen: Ohne zu wissen, was „Semmel“ heißt, Semmeln kaufen zu gehen, dahinter die immer länger werdende Schlange der wartenden Kunden – peinlich, auch weil mich ja jeder erkannte. Mir war egal, was die Leute von mir dachten. Ich wusste, dass ich nur durchs Rausgehen in die Welt zurück ins Leben finden konnte. Mir war egal, wenn ein paar Leute munkelten, der Mader ist ein Trottel, der kann nicht einmal mehr reden ...

Ich suchte alle diese Herausforderungen: Bank, Einkaufen, Steuerberater. Ich wollte ein normales Leben führen und führte es – ich zog das stur durch. Ich ließ mich auch von den tausend lästigen Kleinigkeiten nicht beirren: Dass ich sämtliche Passwörter, Codes, alles vergessen hatte, war klar. Aber auch den neuen Bankomat-Code konnte ich mir nicht merken. Handy? Ein Buch mit sieben Siegeln. Stunden-, tagelang saß ich da und übte die Handy-Funktionen – um sie am nächsten Tag wieder vergessen zu haben.

Die Schritte zurück ins normale Leben waren unendlich klein, der Weg unendlich weit.

Sogar noch ein Jahr später, im Sommer 99, als ich bei Salomon zu arbeiten begonnen hatte, konnte es passieren, dass ich Dinge komplett vergaß. Da erklärte mir ein Salomon-Mitarbeiter einen Nachmittag lang die Bedienung des Computers – Email, Internet, Office. Als er weg war, hatte ich fünf Minuten später alles vergessen, wie weggewischt. Aber ich brauchte den Computer ja als Arbeitsgerät, ich musste mich also zurechtfinden – aber denselben Mitarbeiter zu fragen, der mir am selben Tag alles schon einmal erklärt hatte? Das wäre vielleicht im Privatbereich gegangen – im Berufsleben aber nicht mehr. Da durfte, wollte ich mir nicht die Blößen geben, die ich im Privatleben herausforderte.

Im Juli 98, vier Monate nach dem Schlaganfall, war die tägliche Therapie in der Klinik zu Ende. Andi Lotz sagte: „Die beste Therapie für dich ist das Leben."

Ich begann langsam, wieder Zeitung zu lesen, schaute mir Briefe an, die mir Leute geschickt hatten – das alles war enorm anstrengend. Ich las die Texte wie in einer Fremdsprache. Ich musste die Wörter auf dem Papier in meinem Kopf in ihre Bedeutung übersetzen, musste über den Sinn nachdenken und den Satz zusammensetzen wie einen Turm aus Bausteinen.

Ich benützte mein Handy als Schummelzettel. Ich konnte mir ja Namen kaum merken – mein Namensgedächtnis ist bis heute schlecht geblieben –, und wenn mir ein Name nicht einfiel, scrollte ich durch mein Telefonbuch, bis ich den richtigen gefunden hatte.

Dennoch folgte bald mein erster öffentlicher Auftritt. Berni Gstrein und Burkhard Hummel luden mich nach Monza zum Formel-1-Rennen ein. Ein ORF-Reporter erkannte mich, bat um ein Interview. Zuerst wollte ich absagen, ich hatte Angst, dass mir Wörter nicht einfallen würden, dass ich zu stottern anfangen würde oder eine dieser berüchtigten 30-Sekunden-Pausen einlegen – aber dann traute ich mich doch, sagte zu.

Vor dem Interview war ich extrem nervös – ich wusste, es könnte eine riesige Blamage werden. Kaum jemand wusste ja zu der Zeit, wie schwer die Schlaganfälle wirklich gewesen waren, dass ich wie ein Kleinkind dabei war, das Leben neu zu erlernen.

Als das Interview überstanden war – ohne Stotterer, ohne Pausen –, war ich sehr stolz. Ich hatte mir selbst bewiesen, dass ich trotz Stress und Nervosität wieder „normal“ reden konnte. Der nächste Schritt.

Ende Oktober, sieben Monate nach dem Schlaganfall, stand ich das erste Mal wieder auf Ski. Ich war zum Weltcup-Auftakt nach Sölden eingeladen – eine sehr nette Geste der Söldener, die mich ja schon in den letzten Jahren meiner Karriere unglaublich unterstützt, mir perfekte Trainingsbedingungen geboten hatten. Ich sollte vor den Rennen mit ein paar Kindern mit den Fahnen der teilnehmenden Nationen ins Tal fahren.

Ich wollte mich natürlich nicht blamieren, fuhr also mit Robi ein paar Tage vorher nach Sölden, um mich vorzubereiten. – Auf den Gletscher war ich zuvor hunderte Male gefahren, oft um vier Uhr früh, zwei Dosen Red Bull als Frühstück dabei. Nun erlebte ich die Fahrt hinauf auf den Gletscher ganz neu. Ich war angespannt, aufgeregt. Ich wusste nicht, was mich erwartete – ich war unsicher, ob ich überhaupt würde Ski fahren können. Ich konnte schon relativ normal gehen, konnte eine Viertelstunde laufen, bis mir im Kopf das dauernde Wiederholen der Tätigkeit – „Bein heben, vorziehen, aufsetzen, anderes Bein heben …“ – zu anstrengend wurde. Vieles klappte schon halbwegs – aber Skifahren?

Am Gletscher angekommen war mir zunächst einmal schwindlig. Ich musste mich setzen, brauchte Zeit, um mich an die Höhenlage zu gewöhnen. Aber dann schlüpfte ich das erste Mal wieder in Skischuhe, hörte zum ersten Mal wieder das Knacken der Bindung. Es war herrlich, wieder auf Ski zu stehen – wenn auch wackelig und mit dem eigenartigen Gefühl, dass ich im Unterbewusstsein ja immer noch Rennfahrer war. Meine linke Körperhälfte war auch immer noch die eines Rennfahrers – aber die rechte nicht. Der Rechtsschwung klappte von Anfang an, als wäre nichts passiert. Beim Linksschwung aber musste ich jede einzelne Bewegung durchdenken, die Puzzlesteine in meinem Kopf zum Schwung zusammensetzen – ähnlich wie ich beim Lesen jedes einzelne Wort verstehen musste, um den Satz bilden zu können. Ich hatte den halben Hang gequert, ehe ich im Kopf mit dem Schwung fertig war …

Die Abfahrt mit den Kindern, die offizielle „Rückkehr“ in den Skizirkus gelang halbwegs. Ich war insgesamt drei Tage in Sölden – es waren berührende Tage, eine Art Heimkehr in die Szene: Gianfranco Kaspar lud mich im Rahmen des offiziellen Abendempfangs als offiziellen Gast der FIS nach Vail ein – so früh war ich noch nie für eine WM qualifiziert gewesen …

Die Tage in Sölden waren wunderbar, aber fast zu viel. Rührend, wie sich die Leute um mich sorgten – aber auch so anstrengend, dass ich danach eine Woche brauchte, um mich von den drei Tagen zu erholen.

Ich blieb dem Skizirkus schon in dieser ersten Saison erhalten: Sigi Heinrich heuerte mich als Co-Kommentator für die Ski-Übertragungen auf „Eurosport“ an. Die Herausforderung reizte mich. Aber ich zögerte zuzusagen; ich wusste, dass mir bei einer zweistündigen Live-Sendung arge Pannen passieren würden. Ich schilderte Sigi auch genau meinen Zustand, wie viel mir noch fehlte aufs alte Level, dass mir Wörter wie „Kitzbühel" oder „Streif" auf Sendung wahrscheinlich nicht einfallen würden – er zog die Sache trotzdem mit mir durch. Wir schwindelten uns in diesem Winter durchs Programm, oft abenteuerlich. Und ich bin Sigi heute noch dankbar. Er hat viel Risiko auf sich genommen, um mir zu helfen.

Es war verrückt: Während ich auf „Eurosport" schon kommentierte, waren zuhause die Kinder meine strengsten Lehrer. Weniger Carina, sie war damals elf und litt natürlich unter all dem, weil ihr auffiel, dass ihr Papa plötzlich ganz anders war als früher, viel langsamer, manchmal unsicher, dass ihm Wörter nicht einfielen. Mein Lehrer war eher Michi. Er war damals sechs, ging in die erste Klasse Volksschule; wenn ich mit ihm schreiben oder rechnen übte, lernte ich genauso viel dabei wie er. Michi hatte nicht so genau verstanden wie Carina, was passiert war, er konnte daher auch viel unbekümmerter damit umgehen. Wenn ich sagte „Geh, Michi, gib mir das Dings rüber", dann sagte er „Papa, das heißt nicht Dings, das heißt Joghurt". Wenn wir „Memory" spielten, konnte ich tun, was ich wollte, ich hatte keine Chance gegen den Buben.

Obwohl mir Carina im Multiplizieren und Dividieren haushoch überlegen war, obwohl mich Michi ermahnte, nicht „Dings" zu sagen, sondern „Joghurt" – ich achtete immer darauf, die Rolle des Vaters nicht aufzugeben. Es war nicht leicht, weil ich mir dauernd Blößen gab, Blößen, die ich auch brauchte, um Neues dazulernen zu können. Wenn aber Zeit zum Schlafengehen war, schickte ich die Kinder ins Bett – auch wenn sie mir bei der Suche nach dem Wort „Bett" oder „Schlafengehen" helfen mussten …

Man baut enorme Aggressionen auf, wenn jeden Tag tausend Selbstverständlichkeiten nicht funktionieren. Ganz wichtig war, das wusste ich, diese Aggressionen unter Kontrolle zu halten und sie nicht ausgerechnet an denen auszulassen, die mir am nächsten standen – Ingrid, Carina, Michi.

Zum Glück war ich schon vor dem Schlaganfall jemand, der mit Aggressionen gut umgehen konnte. Und auch jetzt zog ich mich eher zurück, wenn Zorn

WENN WIR „MEMORY" SPIELTEN, HATTE ICH GEGEN DEN SECHSJÄHRIGEN MICHI KEINE CHANCE

oder manchmal auch ein bisschen Verzweiflung zu groß wurden.

Bei der Bewältigung der Aggressionen unterstützte mich auch eine Psychologin, die mich nach dem Ende der Therapie in der Klinik noch ungefähr eineinhalb Jahre lang betreute.

Bei einer unserer letzten Sitzungen, ich hatte sogar schon bei Salomon zu arbeiten begonnen, beklagte ich mich drüber, dass ich mir beim Englischlernen so schwer tat – es ging mir alles viel zu langsam, ich war unzufrieden mit meiner Leistung.

Daraufhin lächelte sie und sagte:

„Herr Mader, ich erzähle Ihnen jetzt eine Geschichte. Ich habe Ihnen bei einem unserer ersten Treffen im Spital, bald nach dem Schlaganfall, ein Bild gezeigt, auf dem ein Ski zu sehen war. Ich habe sie gefragt, was das ist. Sie haben es nicht gewusst. Das ist eineinhalb Jahre her – Sie haben allen Grund, zufrieden zu sein."

Dieses Gespräch mit der Psychologin hat mir sehr geholfen. Es hat meine Sicht auf die Situation wieder ein bisschen zurechtgerückt. Bis heute.

Ich bin sehr dankbar für dieses zweite Leben, das mir geschenkt wurde. Es war unglaublich viel Glück dabei, dass ich noch lebe. Ich habe das Leben nicht nur neu erlernen müssen, sondern ich habe es auch neu erleben dürfen.

Ich habe in dieser Zeit immer wieder gebetet – aber ich habe dabei nicht um etwas gebeten, sondern ich habe mich bedankt.

Fünf Jahre nach dem Unfall ist der Entschluss gefallen, dieses Buch zu schreiben.

Jetzt, ein halbes Jahr später, als die Arbeit daran abgeschlossen ist, habe ich 80, vielleicht sogar schon 85 Prozent meiner früheren Leistungsfähigkeit zurückgewonnen. Immer noch kämpfe ich jeden Tag darum, winzige Bruchteile von Prozenten zurückzugewinnen. Ich bin noch nicht fertig. Immer noch gibt es Rückschläge, immer noch ist zum Beispiel mein Namensgedächtnis lausig schlecht. Aber immer noch gibt es kleine Triumphe: Erst vor kurzem sind plötzlich wie von selbst Namen von Schulkollegen aufgetaucht, von Kindern, die mit mir vor dreißig Jahren Schülerrennen gefahren sind.

Sport? Natürlich. Skifahren, da vor allem Freeriden, und Golf. Golf zu spielen habe ich ernsthaft im Herbst 1998 begonnen, ein halbes Jahr schon nach dem Schlaganfall. Am Anfang war's die reine Plage, weil die ganze rechte Körperhälfte überhaupt nicht funktionierte. Die Muskulatur im rechten Arm war extrem verspannt, verkrampft, ich hatte sogar schon Schmerzen in der Schulter vom ewigen Reinhacken in den Boden.

Dass es mir heute so viel besser geht, habe ich nicht nur der Härte und Zähigkeit des Leistungssportlers zu verdanken, die mir durch die Therapie half. Sondern auch dem Ausgleichssport, der mir hilft abzuschalten, loszulassen, lockerzulassen – all das hätte ich ohne den Unfall vielleicht nie so gelernt.

Es sind 80 Prozent, 85, noch nicht mehr. Das heißt auch, dass ich immer noch sehr anfällig für Stress bin. Es ist nicht Faulheit, wenn ich abends Golf spielen gehe statt bis in die Nacht zu arbeiten – es ist Notwendigkeit. Wenn ich überbelastet bin, reagiert mein Körper sofort, und er reagiert extrem undiplomatisch: Mein Immunsystem klappt innerhalb von Stunden zusammen, ich kriege Fieberblasen, schuppiges Haar. Ich kenne die Zeichen mittlerweile genau – und ich weiß, dass ich entsprechend reagieren muss, dass ich dann ausruhen, ausspannen, länger schlafen muss, dass ich mich gegen meinen Körper nicht wehren kann.

Ich will es auch gar nicht: Denn mein Körper ist nicht mehr die bedingungslos perfekt funktionierende Leistungsmaschine, die er zwanzig Jahre lang war.

Er muss es nicht mehr sein.

DER GLÜCKLICHSTE MENSCH DER WELT

„Ich wollte meinen Mann zurück. Ich hab ihn also nie bemuttert, ich hab ihn immer als Partner behandelt. Auch wenn er mit der Gabel die Suppe essen wollte." Wie Ingrid Mader die Zeit danach sah.

Günthers Ehering und diesen Stein vom Andi Lotz habe ich immer bei mir gehabt, ich hab sie in der Hand gehalten, die ganze Zeit. Ich habe fest daran geglaubt, ich war sogar davon überzeugt, dass ihm das Kraft gibt, die er jetzt braucht, um das alles durchzustehen."

„Montag war's, als dann endlich festgestanden ist, dass der Günther überleben wird, nach diesen fürchterlichen 48 Stunden.

Die Ärzte haben zwar noch nicht gewusst, wie sehr er wiederhergestellt sein wird, körperlich und geistig, aber diese zwei Tage der ganz akuten Lebensgefahr, die waren jetzt überstanden. Das war für mich das Wichtigste: dass er überlebt, dass er da bleibt. Wenn er Schäden davon getragen hätte, egal wie schlimm die gewesen wären, das hätten wir geschafft, damit wären wir zurecht gekommen.

Ich bin dann mit der Christl, seiner Mutter, hinein in das Zimmer, in dem er gelegen ist. Recht bald ist die Christl wieder hinaus, weil sie gemerkt hat, dass der Günther einen Moment mit mir allein sein wollte.

Er hat wahnsinnig müde Augen gehabt, einen ganz starren Blick, hat nur mit dem halben Mund reden können, weil er ja rechts gelähmt war. Er konnte sich nicht bewegen, und man hat kaum ein Wort von dem verstanden, was er gesagt hat, weil er sich beim Reden so wahnsinnig schwer getan hat, weil er so gelallt hat, er hat ja um jedes Wort ringen müssen.

Es war kein schönes Bild. Aber in diesem Moment da drinnen in seinem Zimmer, wo ich mit ihm allein war und gewusst hab, dass er überleben wird, da war ich der glücklichste Mensch der Welt."

Ingrid war über die Jahre in eine ganz zentrale Position in der Familie gewachsen, die weit über jedes herkömmliche Rollenbild der Hausfrau und Mutter hinausging.

Ingrid sah sich nicht nur als die „Kraft-Tankstelle" der ganzen Familie, sie war es auch: Durch ihren Optimismus, ihre Lebensfreude und ihre unbeugsame Bereitschaft, auch schwierige Situationen anzunehmen, strahlte sie eine Kraft aus, an der sich alle um sie aufrichten sollten.

„Ich hab mir nur gedacht: Egal, was passiert, ich muss jetzt stark sein, damit ich dem Günther und den Kindern die Kraft geben kann, die sie brauchen. Es ist mir auch nicht schwer gefallen, ich war immer noch

wie ferngesteuert, hab mich wie in Trance durch den Tag bewegt, habe ja eigentlich nur instinktiv gehandelt, ohne je auch nur eine Sekunde nachzudenken, was ich jetzt tun soll – ich hab's einfach getan."

„Später sind wir dann gemeinsam sozusagen die ersten Schritte zurück ins ins ‚normale' Leben gegangen: Wie andere Ehepaare miteinander laufen gehen, sind wir miteinander gehen gegangen. Ganz langsam. Schritt für Schritt. Ein paar Minuten ist das bald recht gut gegangen, dann ist Günthers rechter Fuß eingeknickt. Sobald er ein bisschen müde geworden ist, musste er sich unheimlich konzentrieren, und man hat ihm angemerkt, dass er nachdenken muss, wie diese Geh-Bewegung funktioniert. Nach einer Viertelstunde, zwanzig Minuten war es so, dass er nach jedem einzelnen Schritt eine Pause gebraucht hat, um den nächsten Schritt durchdenken zu können. Aber es ist jedes Mal ein bisschen besser gegangen, das war jedes Mal eine Freude, ein Schritt vorwärts.

Aber dann sind auch Sachen passiert, mit denen du nicht so leicht umgehen kannst. Zum Beispiel hat er einmal beim Abendessen die Gabel genommen und versucht, damit die Suppe zu essen.

Da hat's mich schon geschreckt."

Wie geht man mit seinem Ehemann um, wenn er versucht, die Suppe mit der Gabel zu essen? Ingrid hat Günther direkt und offen behandelt:

„... nein, Mitleid wäre mir nie in den Sinn gekommen. Das wäre ja auch das Verkehrteste gewesen. Ich wollte ja unbedingt, dass er sein Selbstbewusstsein zurückkriegt. Jetzt, wo sicher war, dass er überlebt, wollte ich nicht ein Kind dazu, sondern meinen Mann zurück. Ich hab ihn nie bemuttert, ich hab ihn immer als Partner behandelt, auch wenn er eben manchmal solche Sachen gemacht hat wie mit der Gabel die Suppe essen zu wollen, auch wenn er mit dem Michi das Alphabet neu gelernt hat, wenn ihm die Hausaufgaben der Carina aus der ersten Klasse Hauptschule zu schwer waren.

Mir war das egal.

Ich habe immer den Günther gesehen, für mich war er immer mein Mann, nie ein Patient."

Wenn das Telefon läutete, hob Günther ab – ebenso wie er einkaufen ging oder Steuerberater-Termine vereinbarte, um sich dem „echten" Leben zu stellen. Günther telefonierte, Ingrid stand dahinter, und wenn er nach einem Wort suchte, soufflierte sie.

Damit sich Günther zuhause zurecht fand, hatte Ingrid überall gelbe Zettel angebracht: Ein Zettel mit dem Wort „KASTEN" klebte auf dem Kasten, „GLAS" auf einem Glas, „RADIO", „TISCH", „SESSEL", überall im Haus.

Wenn sich Günther einen Begriff gemerkt hatte, wurde der Zettel entfernt.

Im Herbst war der letzte Zettel verschwunden.

UND DIE ZEIT SPIELT KEINE ROLLE MEHR

„... da hat er ein bissl gelacht, den Mund verzogen, zum ersten Mal." Robert Trenkwalder über das Comeback seines Schützlings.

Am Samstag in der Intensivstation hat der Professor Schmutzhard, diese weltweite Kapazität, zu mir gesagt: Herr Trenkwalder, wir sind auch nur hundsgemeine Ärzte, wir sind heute Nacht daneben gestanden und haben nichts tun können, nichts, nur zuschauen und hoffen, das er das überlebt.

Der Arzt, dem dann die Tränen runtergeronnen sind, war viele Jahre der höchste ÖSV-Arzt, der Doktor Raas. Das war für mich vielleicht das unmittelbarste Zeichen, wie schlimm es um den Günther steht."

Trotz – oder wegen? – des riesigen Schocks, unter dem alle standen, blieb Trenkwalder ruhig, ähnlich wie die unter dieser gewissen Trance stehende Ingrid handelte er entschlossen und klar. Und ebenso wie Ingrid entwickelte er in der Phase der extremen Bedrohung eine unerschütterliche Zuversicht – obwohl er viele medizinische Details wusste, die ausreichend Grund zum Pessimismus gegeben hätten.

„Ich war in diesen Tagen heller und wacher als vielleicht sonst je im Leben; ich war glasklar; und ich habe nie auch nur eine Sekunde geglaubt, dass er's nicht schafft; ich habe zwar nicht gewusst, wie er's schaffen soll, aber ich habe gewusst, es wird gehen."

„Wir haben zunächst sichergestellt, dass draußen niemand erfährt, wie es um den Günther steht. Und dass er in Ruhe gelassen wird, Ruhe war das Wichtigste für ihn. Die Journalisten waren eigentlich die größte Gefahr. Aber ich habe mit ihnen geredet, sie waren zum Großteil sehr fair, haben verstanden, dass sie ein Leben gefährden, wenn sie zu sehr drängen, dass sie jetzt auch Respekt vorm Günther haben müssen, als Mensch.

Und wenn jemand zu sehr nachgebohrt hat, konnte ich schon direkt auch werden. Da war zum Beispiel ein Kameramann vor dem Krankenhaus, der wollte partout hinein – er ist nicht reingekommen."

Erst viel später sollte Trenkwalder erfahren, dass dieser mühevoll errichtete Schutzwall beinahe durchbrochen worden wäre.

„Der Günther hatte das letzte Zimmer ganz hinten in der Intensivstation, damit er geschützt ist.

Es gab aber einen Fall, da hat ein Arzt aus einer anderen Abteilung, wie ich nachher erfahren habe, viel Geld von einer Zeitschrift geboten gekriegt, um zu recherchieren, was mit dem Günther ist. Aber gerade rechtzeitig, als er angefangen hat, sich die Sachen anzuschauen und als er den Günther was fragen wollte, hat man ihn bemerkt, dann hat er schnell das Weite gesucht."

Es war immer noch Samstag, die von den Ärzten gesetzte Frist der 48 Stunden akutester Lebensgefahr hatte erst begonnen. Die Ärzte hatten nur eine vage

Hoffnung, dass Günther überleben würde. Und sie waren, das merkte man, alles andere als optimistisch, was seine Genesung betraf. Günther entwickelte derweil eine trotzige Haltung gegenüber den Ärzten.

„Er hat zwar mit der Ingrid und mir geredet, aber nicht mit den Ärzten. Er wollte nicht. Später, als ich ihn dann gefragt habe, wieso er damals so stur war, hat er gesagt ‚Trenki, ich lieg' da im Bett, rundherum die Ärzte mit ihren weißen Kitteln, die sagen, ich werd' nimmer reden können. Was soll ich da sagen?' – Der Günther war natürlich auch durch die Medikamente in einem ungewöhnlichen Zustand, klar, aber er war felsenfest davon überzeugt, dass die Ärzte, die ihm sagen, dass er gelähmt ist, Verrückte sind.

So sehr hat er das alles nicht in sein Bewusstsein hineingelassen."

„Die Ärzte jedenfalls, das gesamte Team, alle waren überzeugt, dass er nicht reden kann. Die haben mir nie geglaubt, wenn ich ihnen erklärt habe, dass er mit mir spricht; sie waren sogar unsicher, ob er jemals wird sprechen können. Die Gefahr, dass er seine Fähigkeit zu sprechen verliert, war aber tatsächlich groß: Denn solange das Hirn anschwillt, können Zentren geschädigt werden, möglicherweise sogar irreparabel. Wenn es so weit gekommen wäre, dass man operieren muss, dass man operativ Platz fürs Gehirn schafft, hätte das wahrscheinlich bedeutet, dass die Hälfte oder drei Viertel der Sehkraft weg sind, dass er nie mehr gehen wird können, dass das Sprachzentrum kaputt ist.

Der Günther selbst hat in diesen ersten Tagen nicht gewusst, welche Gratwanderung er durchmacht; er ist zwar draufgekommen, dass er weder eine Hand noch einen Finger noch sonst was auf der rechten Seite bewegen kann; aber er hat geglaubt, er liegt jetzt zwei, drei Tage da, dann geht er wieder nach Hause."

Trenkwalders Karriere als Trainer Günther Maders war seit zwei Wochen zu Ende – in der Intensivstation aber schlüpfte er wieder in die Rolle, die er dreißig Jahre lang innegehabt hatte.

„Dann wollte er wissen, wie er ausschaut, er hat ja geglaubt, dass er vielleicht einen Unfall gehabt hat, dass seine rechte Körperhälfte weg ist, er hat sie ja überhaupt nicht gespürt. Und er wollte sehen, wie sein Gesicht ausschaut. Die Leute im Spital wollten ihm keinen Spiegel geben, also habe ich am nächsten Tag einen Taschenspiegel mitgebracht. – Ich halt' ihm also den Spiegel vors Gesicht, in dem die rechte Hälfte leblos runterg'hängt ist und frag' scherzhaft ‚Wie g'fallt dir der fesche Bursch'?' – Da hat er ein bissl gelacht, kurz den Mund verzogen, zum ersten Mal wieder.

Ich habe ihm dann gesagt: Günther, dein Leben beginnt genau jetzt bei Null neu. Du kannst nicht essen, du kannst nicht aufstehen, du kannst weder lesen noch schreiben, das Leben fängt für dich jetzt mit dem Kindesalter neu an. Und an dem müssen wir arbeiten.

Er hat das zuerst nicht geglaubt; aber dann ist er selber draufgekommen, dass er überhaupt nichts mehr kann, was er vorher konnte. Ich habe ihm gesagt, dass jetzt das Wichtigste ist, dass er zu trainieren anfängt, ganz beständig und beharrlich, was er ja sein ganzes

Leben lang so gut gekonnt hat. Ich habe ihn fast angefleht, dass er sich nicht hängen lässt, habe gesagt, dass die Zeit keine Rolle mehr spielt, sondern dass einfach das Vorwärtskommen zählt, das Trainieren, auf einer völlig anderen Ebene als je davor, wahrscheinlich viel härter, mit viel mehr Schmerzen und Rückschlägen, viel langsamer, aber dass er nicht aufgeben darf und soll und wird. Und dass er alles, was jetzt war, die ganze unglaubliche Situation, als allererstes akzeptieren muss.

Das Unglaubliche war: Alles, das alles hat er vom ersten Moment an getan. Ich glaube sogar, er hat schon damit begonnen, als er noch überhaupt nichts mitgekriegt hat, als er noch ohne Bewusstsein war. Er hat schon instinktiv mit dem Kampf begonnen, bevor er überhaupt realisieren konnte, was mit ihm passiert war."

„Am zweiten, dritten Tag haben wir angefangen, uns um die Hand zu kümmern; er hat nichts gespürt, aber er konnte vom Zeigefinger das letzte Glied bewegen, ein paar Millimeter, langsam auf und ab. ‚Da schau her!', habe ich gesagt, das war ein aufregender Moment. Er hat nur gesagt: ‚Ich spür' nix.'

Aber er hat nie den Kopf hängen lassen; er hat alles realisiert und sofort auch akzeptiert, was passiert war: dass jetzt zwar die Ski-Karriere vorbei ist, aber dass er weiter arbeiten muss, wahrscheinlich härter als je zuvor.

Das Ärgste ist ja für die meisten Schlaganfall-Patienten, dass sie in ein Loch fallen, weil sie nicht mehr wissen, was sie mit dem Leben anfangen sollen. – Was hätte da der Mader sagen können? Der hört mit der Karriere auf, und zwei Wochen nach dem Anfang vom zweiten Leben ist es wieder vorbei. Er hat sich ja wahnsinnig auf dieses Leben gefreut mit der Familie. Und dann das. Das ist ein Tiefschlag, den kann man sich gar nicht vorstellen.

Jammernd, verzweifelt, niedergeschlagen habe ich ihn nie erlebt. Der Günther ist ein Typ, der keinem erzählt, wenn's ihm schlecht geht, das macht er mit sich selber aus. Er hat sicher viele, viele verzweifelte Stunden gehabt, anders gibt's das gar nicht, aber er hat's nicht gezeigt."

„Diese unglaubliche Geduld danach, jeden Tag an sich zu arbeiten und ein kleines Bisschen Verbesserung als Erfolg zu sehen und weiter zu machen und immer weiter, das war wahrscheinlich der größte Verdienst vom Skisport. Das hat ihm das Leben gerettet."

Günther machte Fortschritte in einem Tempo und Ausmaß, das die Ärzte nie für möglich gehalten hätten. Trenkwalder, vielleicht aus naivem Optimismus, vielleicht aus Kenntnis der außergewöhnlichen Kämpferqualitäten Günthers, war davon aber nicht überrascht.

„Ich habe mit dem Günther so viel Zeit verbracht wie mit niemandem sonst im Leben. Dadurch habe ich dem Ärzteteam, als diese 48 Stunden überstanden waren, prophezeit, dass ich im Herbst mit dem Günther Golf spielen werde; davon war ich hundertprozentig überzeugt. Es war noch überhaupt keine Rede davon, dass er je wird gehen können, aber für mich war das völlig sicher: Im Herbst gehen wir golfen, wir zwei.

Die Ärzte haben am Anfang gesagt, er braucht Minimum ein halbes Jahr, um gehen zu können – wenn überhaupt.

Und nach vier Wochen ist er auf eigenen Füßen aus dem Spital gegangen."

„Das Motorische war aber überhaupt ein Klax für ihn, wenn man weiß, wie schwer die Schlaganfälle waren, auch verglichen mit anderen Patienten. Aber das andere, die Arbeit mit dem Logopäden, das war brutal. Ich war da am Anfang bei der Therapie dabei: Der Bursch', der bei mir in die Volksschule gegangen ist, der bei mir Lesen und Schreiben gelernt hat, der ist dagesessen vor einem Trinkbecher und hat gesagt ‚hmmm ... aaaaah .... hmmm ...' – er hat ‚Becher' nicht sagen können. Ich bin daneben gesessen und hab Schweißausbrüche gekriegt.

Aber er hat das alles dann geschafft, alles, in einer Weise, die völlig unglaublich ist. Das ist eine Leistung, die man gar nicht einschätzen kann."

In dieser Zeit gab es dann auch einen Moment, in dem Trenkwalder das Gefühl der Überforderung kennen lernte. Und das kam so:

„Günther im Spital, die Ingrid hat bei uns gewohnt, die Christine, meine Freundin, hat uns alle versorgt. Für sie war das eine beinharte Zeit: den ganzen Tag arbeiten, dann kochen für uns alle, dann haben wir über die ganzen Probleme geredet bis zwei, drei, vier in der Früh, sie hat früh aufstehen müssen und wieder arbeiten gehen. – Dann hat sich die Christine in der Früh einmal aufs Bett gesetzt und hat einen Weinkrampf gekriegt; sie war einfach fertig. Und dann hat sie mir noch gesagt, sie kriegt ein Kind.

Da der Günther, die Ingrid, die Eltern vom Günther, da die Christine und der Nachwuchs, dort der ÖSV mit dem Angebot – das war schon viel. Da hab ich nicht mehr gewusst, was tun. Da, muss ich zugeben, war ich dann auch an der Grenze, kurz."

Trenkwalder nahm das Angebot des ÖSV an. Der Verband gestand ihm den April noch zu, um bei Günther zu sein, bei Christine. Im Mai begann Trenkwalder wieder zu arbeiten, er übernahm die Gruppe, die man ein wenig abgeschrieben hatte, rund um Hannes Trinkl, Fritz Strobl, Patrick Ortlieb, Werner Franz, Peter Rzehak und Christian Greber, *„dann hat's kein Aus mehr gegeben, weil wenn du einen neuen Posten hast, musst du dich drum kümmern, dass da was weitergeht."*

Der kleine Lukas wurde am 8. Dezember 1998 geboren.

Ein Jahr später fragte Prof. Erich Schmutzhard nach, ob er Günthers Fall bei internationalen Kongressen verwenden dürfe. Denn eine vergleichbare Genesung sei bislang nicht bekannt.

INSIDE RACING

GÜNTHER VERLOR DIE BINDUNG ZUM SKISPORT AUCH NACH DEM UNFALL NICHT. IM FOLGENDEN KAPITEL BESCHREIBT ER SEIN LEBEN ALS ERFOLGREICHER RENNSPORT-MANAGER BEI SALOMON UND ANALYSIERT PROBLEME WIE ZUKUNFTS-CHANCEN DES SKISPORTS.

HINTER DEN KULISSEN

Günther über die Arbeit als Rennsportchef bei Salomon, über die Erfolge von Mario Matt, Fritz Strobl und Renate Götschl, über die Eroberung des Marken-Weltcups. Und sein Blick hinter die High-Tech-Kulissen der „Formel-1 des Winters".

SIEGERBILD

Das Team, das den Marken-Weltcup für Salomon eroberte: Ivica Kostelic, Mario Matt, Janica Kostelic, Fritz Strobl, Renate Götschl, Günther Mader sowie in der vorderen Reihe Salomon-Chef Jean-Luc Diard, Peter Rzehak und Anja Paerson.

Die Weichen für den nächsten Winter werden am Ende der abgelaufenen Saison gestellt. Ein paar schlechte Tage im Frühjahr schicken dich auf einen wochen-, monatelangen Irrweg. Ein paar gute Testtage im Frühjahr dagegen sind Goldes wert – vor einer WM- oder Olympiasaison vielleicht sogar im wahrsten Sinn des Wortes.

Das heißt für mich: Der Ablauf eines Jahres hat sich auch nach Ende meiner aktiven Karriere nicht wesentlich verändert. Die abgelaufene Saison beschäftigt mich noch bis in den Mai – denn bis dahin erlaubt uns die Frühjahrssonne noch zu testen. Auch wenn man von der abgelaufenen Saison noch so ausgepumpt ist: Sich diese Möglichkeit entgehen zu lassen wäre Harakiri.

Ums Testen wird ein Aufwand betrieben, der den oft gezogenen Vergleich zur Formel-1 locker rechtfertigt – es gibt allerdings einen wesentlichen Unterschied: Wir sind weit mehr als der Motorsport vom Wetter abhängig – und zwar vom Wetter in den Bergen, das uns mit seinen Launen auf Trab hält, rund um die Uhr. Wenn's im Frühjahr in der Nacht nicht aufklart, friert's nicht – Testen ist dann sinnlos. Klart's aber doch auf, friert's dann doch, ist jede Minute wertvoll. Das heißt: Rundruf um drei, vier Uhr früh an alle Beteiligten, an Serviceleute, Läufer, Trainer, rein ins Auto, rauf auf den Gletscher. Dort stehen dann im Morgengrauen mindestens vier unausgeschlafene, mürrische Leute und haben Stress: Der Kurs muss gesetzt werden, die Zeitnehmung eingerichtet, die Ski präpariert. Denn die Zeit ist limitiert: Um spätestens elf, halb zwölf hat die Frühlingssonne deine harte Teststrecke in ein matschiges, unbrauchbares Etwas verwandelt.

Die Testtage im Frühjahr sind die erste Bewährungsprobe des neuen Materials. Denn während die Läufer im Winter mehr oder weniger erfolgreich Rennen gefahren sind, haben die Ingenieure nicht nur das Feedback in das bestehende Material eingearbeitet, sondern auch neue Ideen umgesetzt, auf neue Regeln der nächsten Saison reagiert, neues Material konstruiert. Und das muss jetzt gegen das alte, gewohnte, mehr oder weniger bewährte antreten. Wobei alle hoffen, dass das neue Material schneller ist – denn nur das bedeutet den Fortschritt, der nötig ist, um auch im nächsten Winter vorne dabei zu sein.

Wer bei den Tests im Frühjahr aus irgendwelchen Gründen – und davon gibt es eine ganze Menge – in eine falsche Richtung abbiegt, verliert zumindest drei Monate. Die Firma baut ja auf Basis dieser Frühjahrs-Erkenntnisse die Ski fürs Sommertraining. Und wenn du in Neuseeland oder Chile draufkommst, dass du im Frühjahr bei der großen, wichtigen Weiche falsch abgebogen und drei Monate mit Vollgas in die falsche Richtung gerannt bist, hast du ein echtes Problem. Denn die nächsten wirklichen Testbedingungen gibt's eigentlich erst nach dem Weltcup-Auftakt in Sölden wieder.

Es ist mir selbst in meiner Karriere passiert, dass mich diese Tests im Frühjahr in die Irre geleitet haben – man muss die Ergebnisse wirklich mit größter Vorsicht genießen. Denn so wichtig die Tests sind: Die Bedingungen am Gletscher im Frühjahr sind mit amerikanischem November-Kunstschnee oder europäischem Jänner-Eis nicht vergleichbar. Der Gletscherschnee steht ständig unter Stress, innerhalb von Minuten gibt's Temperaturstürze, täglich heizt die Sonne gnadenlos auf die Pisten – logisch, dass Gletscherschnee also auch eine ganz andere Struktur entwickelt als „normaler“ Schnee oder gar Kunstschnee. Logisch auch, dass Gletscherschnee daher auch ganz eigene Herausforderungen ans Material stellt.

Was auf dem Gletscher perfekt funktioniert, kann

DAS TESTEN IST EINE GLEICHUNG AUS LAUTER VARIABLEN – EINZIGE KONSTANTE IST DIE UNSICHERHEIT

im nächsten Winter ein Flop sein – Beispiele gefällig? In meinem ersten Salomon-Jahr hatten Berni Gstrein und ich die wahrscheinlich besten Slalom-Ski, die man haben kann – auf dem Gletscher. In Nordamerika und danach im Jänner waren wir nirgends … und mussten außerdem bemerken, dass die Ski bei schlechter Piste nichts taugten. Auch das hatten wir beim Testen nicht bemerkt – denn da waren die Pistenbedingungen immer perfekt gewesen.

Noch aufwändiger als das Testen und Weiterentwickeln von Slalom- und Riesenslalom-Material ist aber die Abfahrt. Es ist fast unmöglich, die Bedingungen eines Rennens im Training zu simulieren, die Pisten entsprechend zu präparieren und abzusperren, die Sicherheitsvorkehrungen über mehrere Kilometer zu treffen. Das heißt: Die wichtigsten Tests für das Material sind die Trainingsläufe vor den Weltcup-Rennen. Und die Rennen selbst …

„Testen“ heißt aber nicht nur den schnellsten Ski zu finden. Testen heißt vor allem, aus Ski, Bindung, Platte und Schuh ein perfektes Paket zu schnüren. Die Tücke des Pakets: Jeder einzelne Teil beeinflusst alle anderen. Du suchst also nicht zunächst nach dem guten Schuh, dann nach dem schnellen Ski, dann nach der idealen Bindung und der besten Platte und setzt am Ende alle Teile zusammen. Du suchst nach dem Paket – und wenn du schnell bist, kann es vier Gründe haben, vier mal vier oder einfach keinen. (Du denkst dann lieber nicht drüber nach.) Anders ist's, wenn du langsam bist: Dann beginnt das Grübeln, die Tüftelei, die Suche nach den Gründen, von denen du nicht weißt, wie viele es sind. Du hast dann genau zwei Chancen: das G'spür des Läufers und deine Erfahrung als Rennchef. Denn in solchen Situationen musst du versuchen, aus den Wahrnehmungen des Läufers, aus den gemessenen Zeiten, aus den Bedingungen des Tages und aus den Testergebnissen der letzten Tage, Wochen und Jahre die richtigen Schlüsse zu ziehen – und den Ingenieuren in der Firma das Feedback zu geben, das sie brauchen, um das Material so weiterzuentwickeln, dass du damit gewinnen kannst.

Ach ja, Testen ist zu guter Letzt vor allem eines: eine Glückssache. Denn wenn du drei Wochen im Sommer in Neuseeland oder Chile schlechtes Wetter hast – Pech, das dir den gesamten nächsten Winter versauen kann.

Testen, testen, testen – es ist wohl das Wichtigste im Rennlauf; die Überwachung, manchmal Organisation der Tests der österreichischen Salomon-Rennläufer ist meine wahrscheinlich wichtigste Aufgabe als Rennsport-Manager bei Salomon.

Das Match der Skifirmen auf den Trainingspisten ist mitunter härter als das auf den Rennstrecken. Für jede Disziplin muss selbstverständlich eigenes Material entwickelt werden – wir sprechen eigentlich von vier verschiedenen Sportarten, rein vom Aufwand her gesehen.

Und wenn man den Aufwand verdoppeln möchte – nichts leichter als das: Man rüstet dann Frauen *und* Männer aus. Denn die Unterschiede zwischen Damen- und Herrenrennsport sind genauso groß wie zwischen Riesenslalom und Abfahrt: Hie und da gibt es zwar Parallelen, aber weit, weit größer sind die Unterschiede. Nicht umsonst konzentrieren sich viele Firmen auf Damen oder Herren – außer Salomon fällt mir eigentlich kaum eine Ski-Marke ein, die bei Damen und Herren gleich aktiv ist …

In der Formel-1 wurde das Reglement geändert, um kleineren Teams das Überleben im Test- und Entwicklungskrieg zu sichern. Ich sehe auch im alpinen Rennsport eine ähnliche Entwicklung auf uns zukommen. Kaum mehr eine Firma – die beiden Riesen Atomic und Rossignol vielleicht ausgenommen – verfügen über die nötigen finanziellen und personellen Mittel, um Damen und Herren in allen Disziplinen mit Top-Material auszurüsten.

Die Entwicklung im Materialkrieg spitzt sich Jahr für Jahr weiter zu. Firmen mit kleineren Kadern wie Salomon müssen dabei auf besonderen Einsatz und besondere Schlauheit setzen – und auf Läufer, die nicht nur als Renn-, sondern auch als Testfahrer Weltklasse sind. Tatsache ist, dass wir in den schnellen Disziplinen bei den Herren nur zwei Läufer haben, die auf höchstem Niveau testen können: Fritz Strobl und Peter Rzehak. Allein die Verantwortung, die Fritz und Peter zu tragen haben, ist also gewaltig: Wenn ein Atomic-Läufer einen schlechten Tag hat, werden seine Ergebnisse von einem der vielen anderen Weltklasse-Fahrer korrigiert. Wenn aber Fritz oder Peter danebenhauen, kann das fatale Folgen haben. Zum Glück ist Fritz der wahr-

DIE RÜCKKEHR IN DEN SKI-ZIRKUS
Das Abenteuer: Schon in der Saison 1998/99 wagte sich Günther als „Eurosport"-Co-Kommentator von Sigi Heinrich hinter ein TV-Mikrofon. Dabei konnte durchaus passieren, dass ihm Wörter wie „Kitzbühel" nicht einfielen. Im Sommer darauf startete das nächste Abenteuer: Günther wurde Österreich-Rennchef bei Salomon. Dort gelang ihm ein Traumstart.

scheinlich beste Tester, den es derzeit in den schnellen Disziplinen gibt. – Manchmal sagt jemand zu mir, dass sich das Engagement von Fritz mit seinem Olympiasieg ausgezahlt hat. Ich schüttle dann den Kopf und sage: Und wenn er nie ein Rennen gewonnen hätte, wäre jeder Euro gut in den Fritz investiert. Alleine als sensationell feinfühliger Tester ist er eigentlich unbezahlbar.

Das Testen ist eine eigene Disziplin. Es gibt gute und schlechte Tester – wobei es extrem gute Rennläufer gibt, die man besser an keinen Test-Ski lassen

UND WENN FRITZ NIE EIN RENNEN FÜR SALOMON GEWONNEN HÄTTE: ALS TESTER IST ER UNBEZAHLBAR

sollte. Freddie Nyberg etwa – als Rennfahrer sensationell. Aber als Tester fehlt ihm doch eine Prise Feingefühl. Einmal verließ ich mich während meiner aktiven Karriere auf sein Urteil – er hatte vom neuen Riesenslalom-Ski so überzeugend geschwärmt, dass wir den alten gar nicht ins Sommertraining nach Chile mitnahmen. Und dort ein böses Erwachen erlebten ...

Interessant sind auch die Testergebnisse, die Didier Cuche zustande bringt. Auch er ein Rennfahrer der absoluten Weltklasse – aber ohne Stoppuhr kriegst du von Didier das abenteuerlichste Feedback. Ich kann mich erinnern, als er einmal mit seinem Schuh unzufrieden war und im Do-it-yourself-Verfahren daran herumgebastelt hat – „jetzt passt er“, sagte Didier nach einigen Nächten mit dem Stanleymesser im Servicekeller, strahlte übers ganze Gesicht und war sicher, die absoluten Geheimwaffen konstruiert zu haben. Auch im Ziel des Testlaufs sah er mit seinen abenteuerlich selbstgebastelten Meisterwerken an den Füßen noch zufrieden aus. Bis er einen Blick auf die Uhr warf: Er war nämlich glatte vier Sekunden hinten – bei einem 50-Sekunden-Lauf.

Nicht nur weil nicht alle guten Rennfahrer auch gute Tester sind, sondern auch weil so viele Testkilometer abzuspulen sind, beschäftigen die meisten Skifirmen eine kleine Armada von Testern. Wir bei Salomon haben in Frankreich eine Gruppe ehemaliger Rennläufer, die die Vorselektion des Materials besorgen – nur das Beste bekommen Fritz, Mario und Renate unter die Füße geschnallt. Daraus wählen sie dann selbst ihr Rennmaterial aus.

Dass dieses Material gut genug ist, sie zu Weltcupsiegen, Olympia-Medaillen oder WM-Titeln zu bringen, ist seit Sommer 1999 mein Job.

Als ich Ende der Saison 1998/99 nach der Einladung von Gianfrano Kaspar zur WM nach Vail fuhr, hatte ich einen in feinstem medizinischen Englisch verfassten Zettel dabei. Auf ihm war geschildert, was mir passiert war und wie man mich im Fall des Rückfalls zu behandeln habe – Freund und Hausarzt Andi Lotz hätte mich ohne diesen Zettel nicht nach Amerika fahren lassen. Denn erstens war mein Englisch – natür-

GENERATIONENWECHSEL
Die Bilder stammen aus derselben Saison – aus derselben Disziplin: Mario Matt war der Prototyp der neuen Slalom-Generation, die auf den „Kinderski" setzte, und tauchte in Kitz 2000 wie ein Komet auf. Thomas Stangassinger blieb bei den alten Ski – 1999/2000 war seine letzte Saison.

lich auch gelöscht beim Schlaganfall! – noch lang nicht so weit, dass mir Vokabel wie „Blut verdünnen" im Ernstfall eingefallen wären. Und zweitens hatten wir alle ein wenig Sorge, dass durch die lange Flugreise und durch die Höhenlage in Vail Komplikationen eintreten könnten. Ich genoss die zwei Wochen in Vail sehr, ging Ski fahren, hatte Zeit für Gespräche, die ich davor nie gehabt hatte. Aber die Reise war doch ein Risiko …

Ich war etwas mehr als ein Jahr nach dem Schlaganfall noch alles andere als auf der Höhe; Sohn Michi hatte den Job als mein Vokabel-Lehrer und übermächtiger „Memory"-Gegner noch nicht aufgegeben, als dann Bruno Rüdisüli im späten Frühjahr an mich herantrat. Es gab ja diesen Vertrag mit Salomon schon aus dem Jahr 1996, dass ich auch nach dem Ende meiner aktiven Karriere bei der Firma bleiben sollte, um im Rennsport hinter den Kulissen zu arbeiten; Bruno sprach mich darauf an. Ob ich mir nicht vorstellen wolle, in meine zweite Karriere zu schnuppern?

Bruno war neuer Chef von Salomon Österreich. Er ist Schweizer, aber sehr unschweizerisch in seiner Art, auf Menschen zuzugehen, da ist er nämlich eine Mixtur aus südländischer Herzlichkeit und fernöstlicher Unergründlichkeit, vermischt wird das Ganze mit einer ordentlichen Portion hintergründigem britischem Humor. Außerdem ist er gründlich wie ein Deutscher, wenn es darum geht, etwas zu erreichen, das er sich in den Kopf gesetzt hat. Und er hatte sich damals in den Kopf gesetzt, mich als seinen Rennchef zu sehen.

Ich war zu Beginn gar nicht begeistert. Ich hatte den ersten Winter als Co-Kommentator bei „Eurosport" irgendwie und nur dank des aufopfernden Einsatzes von Sigi Heinrich rübergebogen, nun wollte ich eine Pause machen. Vor allem hatte ich Angst davor, zu viel Stress zu bekommen – Stress war immer noch ziemlich gefährlich für mich. Stress verlangsamte und behinderte meinen Lernprozess nach dem Schlaganfall.

Aber die internationale Mischung mit Schweizer Pass überredete mich doch: Ich wurde im Sommer 1999 offiziell zum Rennsportchef von Salomon Österreich ernannt und wurde zugleich Mitglied eines sechsköpfigen Steering Committee, das eingerichtet wurde, um die weltweiten Strategien von Salomon im Rennlauf insgesamt festzulegen.

Salomon Österreich im Rennlauf vor der Saison 1999/2000, das waren Fritz Strobl, der schon 1998 als mein Nachfolger zu Salomon gekommen war, und Thomas Stangassinger. Und dazu gab es einige junge Läufer, vor allem in einen Tiroler setzte man Hoffnungen: in einen gewissen Mario Matt.

Mein Deal mit Bruno war klar: Ich bringe all mein Wissen und meine Erfahrung ein, aber ich habe jederzeit die Möglichkeit, mich zurückzuziehen, wenn es mein Körper verlangt. Aus rein betriebswirtschaftlicher Sicht war Brunos Überredungskunst ein Hasardspiel – es hätte gut sein können, dass ich nach ein paar Wochen das Handtuch werfe. Dann wäre Bruno unmittelbar vor der Saison ohne Rennsport-Chef dagestanden.

Aber Brunos Optimismus war ansteckend. Es ging alles gut. Ich hatte viel Spaß an der Arbeit, lernte mich schnell ein: Bei Fritz und Stani brauchte ich mich ja gar nicht vorzustellen, die kannten mich noch gut aus meiner aktiven Zeit. Ein bisschen anders war's bei den Jungen. Vor allem dieser Matt interessierte mich. Und so fuhr ich zu Saisonbeginn nach Jerzens ins Pitztal, um mir den Burschen einmal anzusehen und auch seinen Servicemann Sigi Scheibner, auch er ein Rookie im Geschäft.

1999/2000 sollte die Saison werden, in der es im alpinen Rennlauf nur ein Thema gab: die kurzen Ski mit den extremen Taillierungen. Die meisten Läufer und Trainer hielten die Kurzski, die „Kinderski" für eine Fehlentwicklung, für einen Irrweg. Stani testete im Sommer die neuen Modelle aus Frankreich gegen seine alten Ski, war mit den alten schneller und legte die neuen weg. Mir war sofort klar, warum er mit den alten Ski schneller war: Weil er mit den neuen dieselbe Technik fuhr – Stani hätte seine Technik umstellen müssen, aber das wollte er nicht mehr. Allzu verständlich: Er hatte seinerzeit ja noch gelernt, dass man den Innenski heben muss, um überhaupt um die Kurve zu kommen. Er war in einem Stadium seiner Karriere, wo er dieses Risiko nicht mehr eingehen wollte. Und, wie die meisten glaubten, auch nicht musste: Kaum jemand glaubte an den Durchbruch der kurzen Ski …

Ich musste Stanis Entscheidung akzeptieren, auch wenn ich damit nicht glücklich war. Ich hatte Informationen aus dem Salomon-Headquarter in Annecy, dass die jungen Läufer aus dem Test-Team und auch französische Europacup-Fahrer mit den neuen, kurzen, vor allem extrem taillierten Ski schneller waren als mit den alten – zum Teil waren sie sogar deutlich schneller. Ich hatte das Gefühl, dass wir hier einen Vorsprung hatten, eine Chance, wie sie alle zehn, fünfzehn Jahre vielleicht kommt, wenn einer Marke ein Geniestreich gelingt – die Kurzski waren ja eine Salomon-Erfindung, die Idee dazu kam aus Annecy. Schon bei der WM in Vail hatte Florence Masnada mit den „Kinderski" Kombi-Bronze gewonnen, von allen belächelt …

Ich war von der neuen Technologie von Anfang an überzeugt und ich witterte eine Riesenchance für uns. Was mir allerdings fehlte, das war ein Fahrer, der sich mit dem neuen Material anfreunden wollte. Und so fuhr ich eben nach Jerzens, um den 19-jährigen Mario Matt und seinen Servicemann Sigi Scheibner kennen zu lernen. Nicht ohne Hintergedanken: Ein bisschen hatte ich auch die Hoffnung im Hinterkopf, Mario zum Umstieg aufs neue Material zu bewegen.

Stani war mit großem Abstand unsere Nummer eins im Slalom. Ein absoluter Weltklasse-Fahrer, feinsinniger Ästhet und brillanter Techniker. Und ein Gegner der neuen Ski. Gleichzeitig musste ich, um den taillierten Ski eine faire Chance geben zu können, einen Fahrer finden, der auch seine Technik ans neue Material anpasste, der das alte Material für ein paar Tage weglegte und das neue probierte – ein Risiko, ja, aber unbedingt notwendig, um dem neuen Material eine faire Chance zu geben. Mein großes Problem war: Die Jungen hatten keine Motivation zum Umstieg. Das große Vorbild hielt gar nichts von den neuen Ski, blieb bei den alten. Und wie es überall ist, so war es damals auch bei uns: Die Jungen orientieren sich an der Nummer eins, ihm versuchen sie, seine Geheimnisse abzuschauen. Nicht nur die fahr-, sondern auch die materialtechnischen.

Ich hatte die Ski-Revolution – aber keinen Fahrer. So war Mario Matt meine letzte Hoffnung.

Mein erstes Gespräch mit Mario an diesem Tag in Jerzens war eigenartig: Ich, der ich nicht gerade als Plaudertasche bekannt bin, redete eineinhalb Stunden durch. Mario sagte nichts. Er war definitiv der bessere Schweiger als ich. Aber meine Qualitäten als Alleinunterhalter scheinen ausgereicht zu haben: Ich konnte ihn überreden, den kurzen Ski eine seriöse Chance zu geben – ein paar Tage frei fahren mit den kurzen Dingern, und bei den ernsten Tests schon mit dem neuen Material einfahren, nicht mit dem alten.

EINEINHALB STUNDEN MADER ALS ALLEINUNTERHALTER: MARIO IST DER BESSERE SCHWEIGER ALS ICH

Mario nickte. Immerhin.

Und dann ging es Schlag auf Schlag. Nicht dass sich Mario Hals über Kopf in seinen 1,76er-Equipe 3V verliebt hätte – im Europacup startete er immer noch mit den langen, weniger taillierten 1,84er-Geräten. Aber schon eine Woche nach unserem ersten Gespräch kam er bei einem Europacup-Rennen in Südtirol an die nächste Schlüsselstelle seiner Karriere – und der Karriere des Equipe 3V: Mario wurde mit seinen alten Geräten nur Zwölfter, das war eine Enttäuschung für ihn. Nicht enttäuscht waren ein paar blutjunge Italiener, die im ersten Lauf mit hohen Startnummern nach vor gefahren waren – nicht auf dem kurzen 1,76er-Ski, den wir bereits testeten, sondern sogar auf dem extrem kurzen 1,68er-Ski, den im Sommer kein Weltklasseläufer haben wollte und der deshalb in Bausch und Bogen an den italienischen Nachwuchs ging …

Diese Italiener hatte ich abgewartet, um mir anzusehen, wie sie mit den 1,68er-Ski auf der schlechten Piste zurechtkommen würden.

Das Warten hatte sich ausgezahlt.

Nach dem Rennen setzte ich mich wieder mit Sigi und Mario zusammen und bat sie eindringlich darum umzusteigen – jetzt gleich und endgültig. Denn wie sich die jungen Italiener da über die schlechte Piste gekämpft hatten, das hatte mir bewiesen, dass die Kurzski keine „Schönwetter-Ski" waren, wie behauptet wurde.

Thomas Stangassinger hatte die Saison auf seinen langen Ski ausgezeichnet begonnen: Er wurde Zweiter in Vail und Dritter in Madonna. Doch auch dadurch ließ ich mich nicht von meiner Überzeugung abbringen: Ich sah die Zukunft in den neuen Ski.

In mir kribbelte es richtig. Es war die erste Bewährungsprobe in meinem neuen Job. Ich war sicher, wir hatten da mit den kurzen Geräten eine Waffe, mit der wir den anderen Firmen um mindestens ein Jahr voraus waren. Und ich wusste, da war unter meinen Leuten ein Junger, dessen Technik haargenau zum neuen Material passte: Mario stand breit wie die russische Eisenbahn auf dem Ski und zentral wie mit dem Maurerwinkel eingestellt.

Jetzt musste ich Mario nur mehr davon überzeugen, dass er und der neue Ski perfekt zusammenpassten.

Es war wohl dieser eine Europacup-Slalom in Obereggen am 15. Dezember 1999, bei dem Mario nicht besonders gut abschnitt, der mir dabei half und der die Wende bedeutete. Denn am 21. Dezember, nur sechs Tage später, wagte Mario ausgerechnet bei seinem Weltcup-Debüt in Kranjska Gora den ersten Start mit dem neuen 3V. Und hielt sich großartig. Qualifizierte sich für den zweiten Lauf, wurde am Ende sogar toller 17. – und von diesem Moment an war Mario unser „Mister Kurzski". Schon bald darauf sollte er an einem Sonntagvormittag den Rennlauf verändern …

Nach Kranjska Gora war für mich jeder, der immer noch an die Zukunft des alten Materials glaubte, ein hoffnungsloser Träumer. Obwohl die alte Garde auf dem alten Material immer noch vorne lag: Stani stand in Kranjska Gora als Dritter neuerlich auf dem Podest – es war sein dritter Stockerlplatz des Jahres, er führte im Slalom-Weltcup.

Die Diskussionen wurden immer härter, die Traditionalisten argumentierten nun, die kurzen Ski würden auf harter Piste nicht halten.

Aber dann kam Madonna.

Sieger wurde ein Alter – der Norweger Finn Christian Jagge –, aber auf dem neuen Material. Finn hatte im Herbst Knieprobleme gehabt, entschloss sich mit seinem Servicemann Hias Scheibner (der jetzt übrigens mit Renate Götschl arbeitet) zum Wechsel. Nicht aus Überzeugung, sondern aus einer Art Wurschtigkeitsgefühl heraus – „kann eh nicht mehr schlimmer werden". Und dann gewann er Madonna. Auf harter Piste.

Das war der Moment, in dem viele Szene-Insider, auch viele prominente Trainer, die vorher sehr laut gegen die kurzen Ski gewettert hatten, leiser wurden.

In einigen Firmen wurde damit begonnen, den 3V aufzuschneiden und einmal ein bisschen genauer zu analysieren.

Wir bei Salomon hatten eine skurrile Situation: Wir hatten die Revolution eingeleitet. Und wir hatten ihren erbittertsten Gegner – als unseren besten Fahrer: Tom Stangassinger. Aus seiner Sicht war seine Ablehnung verständlich – er hätte seine erfolgreiche Technik völlig umstellen müssen. Alles, was ihn mit dem alten Material schnell gemacht hatte, war mit dem neuen verkehrt. Sich hinten reinzusetzen bedeutete nun den sicheren Ausfall. Direkt aufs Tor zuzusteuern, den Ski millimetergenau zu setzen und hart um die Ecke zu führen, wie es Stani perfekt beherrschte, war das genaue Gegenteil des Carvens, das die Kurz-Ski verlangten.

Stani vermied aber einen Fehler, den ein paar andere Spitzenläufer begingen, die je nach Bedingungen zwischen neuem und altem Material wechselten – und abenteuerlich scheiterten. Dank seiner riesigen Klasse hielt er sich von allen Etablierten am längsten mit der alten Technik an der Spitze. Andere schafften die Umstellung nicht – etwa Mario Reiter –, wieder andere brauchten Jahre dafür wie Kalle Palander, der nach seinem WM-Titel in der Versenkung verschwand und erst 2002/03 wieder auftauchen sollte.

Und dann kam Kitzbühel 2000 – das wohl genialste Wochenende in der Geschichte von Salomon.

Bei Mario hatte sich die ganze Woche schon etwas Großes abgezeichnet. Er konnte das Potenzial seiner neuen Ski mit jedem Trainingstag besser nützen.

Er war in Wengen eine Woche davor Zehnter nach dem ersten Durchgang gewesen, im zweiten bei der Fahrt zur Überraschung ausgeschieden – auf einem geliehenen Ski, denn seinen Rennski (ebenso wie den von Jagge; nicht übrigens den von Stani) hatten Unbekannte gestohlen; der geniale Kjetil-Andre Aamodt nützte das Chaos mit schnell gebauten Nordica-Carvern zum ersten (und wohl auch einzigen) Slalom-Sieg seiner Karriere – damit hatte auch Kjetil Siege in allen fünf Weltcup-Disziplinen, als vierter Läufer der Geschichte nach Girardelli, Zurbriggen und mir.

Vor dem Kitzbühel-Wochenende war ich dann sogar so vermessen, bei Mario auf einen Stockerl-Platz zu hoffen – aus gutem Grund: Madonna-Sieger Jagge beherrschte die neue Technik bei weitem nicht so gut wie Mario. Auch Wengen-Sieger Aamodt war noch nicht so weit. Mario war nach dem Ausfall in Wengen zum Europacup zurückgegangen. Und er hatte am Donnerstag – nach einem Ausfall in Pozza di Fasse am Dienstag – mit einem dritten Platz in Courchevel Selbstvertrauen getankt. Freitag und Samstag trainierte er in Kitz. Und niemand stand so auf dem Ski wie er.

Unsere Stimmung war schon Samstag auf einem

ersten Höhepunkt: Fritz Strobl, „mein" Fritz, von „meinem" Robi Trenkwalder trainiert, gewann auf dem Equipe 2V die Abfahrt auf der Streif – in einem Rennen, das nach Neuschnee von den Medien zu einer „Materialschlacht" hochstilisiert wurde, was man natürlich als Skifirma gerne hört. (Wenn man gewinnt.)

Fritz' Sieg war der erste Triumph, den ich wie einen eigenen erlebte, ohne selbst gefahren zu sein – ein neues, eigenartiges, aber gar nicht schlechtes Gefühl. Und abends durfte ich im Gegensatz zu früher mit Fritz und seinem Fan-Club ordentlich feiern.

Sonntag dann die unglaubliche Mario-Gala. Der großartige erste Lauf mit zweitbester Zeit und einem Fast-Sturz, der zweite trotz unglaublicher Nervenanspannung mit einem absolut coolen, wilden Ritt zum Sieg – mit Startnummer 47. Noch nie in der Weltcup-Geschichte hatte ein Läufer mit einer so hohen Startnummer gewonnen. Und er gewann auf einem „Kinderski", wie die Zeitungen am nächsten Tag schrieben und sorgte für „die Revolution", wie sie titelten.

Natürlich wusste keiner der Journalisten auch nur annähernd Bescheid über Mario. Und er selbst hatte keine Zeit (und keine Lust), viel über sich zu erzählen. Also klopften manche das in die Tasten, was ihnen einfiel („... der neue Superstar punktet mit lockeren Sprüchen", schrieb einer sogar – darüber musste ich herzhaft lachen). Andere, und das waren die meisten, waren verzweifelt auf der Suche nach Infos. Und ich war eine der ersten Ansprechstellen. Das war natürlich enormer Stress – der Stress, den ich eigentlich hatte

DAS GENIALE WOCHENENDE
Kitzbühel 2000: Zunächst jubelte Fritz Strobl über seinen Sieg in der „Materialschlacht" auf der Streif am Samstag. Dann sorgte Mario Matt (man beachte die Rekord-Startnummer!) für die größte Sensation, die der alpine Skisport seit vielen Jahren gesehen hatte.

möglichst vermeiden wollen, aus den bekannten Gründen. Aber als die Journalisten um mich herum standen und drängten, hielt ich einen kurzen Moment inne und genoss. Ich freute mich einfach wahnsinnig über den unglaublichen Erfolg von Mario – und von Salomon.

Bruno Rüdisüli, damals Salomon-Österreich-Chef, wälzte sich zur selben Zeit wie ein Käfer im Schnee, ballte die Fäuste und brüllte vor Freude. Bruno wusste als Marketing-Genie natürlich, was dieses Wochenende bedeutete: 2000 war ein Jahr ohne Olympia, ohne WM – Kitzbühel war also das absolute Highlight der Saison. Und Salomon hatte sensationell triumphiert. Nicht nur in der „Materialschlacht" am Samstag mit Fritz Strobl, sondern auch mit einem revolutionären neuen Ski am Sonntag – und wir hatten mit Mario, dem wasserstoffblonden und absolut coolen Typen, der eine völlig andere Technik fuhr als die meisten anderen, noch dazu ein Trumpf-Ass im Konkurrenzkampf auf dem Skimarkt.

Ganz plötzlich waren wir damit zu einem ernsten Herausforderer der scheinbar übermächtigen Atomic-Armada geworden.

Bei den anderen Skifirmen war nun endgültig Feuer auf dem Dach. Wir hatten ihnen etwas vorgelegt, mit dem sie nicht mitkonnten. Atomic warf die Maschinen an: Die Salzburger bauten jede Woche einen neuen Ski, Benni Raich, Rainer Schönfelder, Heinz Schilchegger waren im Dauer-Teststress. Andere, die weniger Power hatten als Atomic, versuchten sich durchzuschwindeln, bauten „neue" Ski nach der alten Technologie – das konnte nicht funktionieren. Sie erlitten grausam Schiffbruch.

Fischer mit seinem Rennsportchef Sigi Voglreiter holte schnell auf, Nordica hatte mit dem Supertester Kjetil-Andre Aamodt ein Trumpf-Ass in dieser heißen Zeit. Rossignol tat sich schwer – und tut sich übrigens auch noch Jahre danach nicht wirklich leicht. Bode Miller wurde nach dem Umstieg von Fischer auf Rossignol im Slalom nicht wirklich besser ...

Tatsache war: Salomon hatte eine neue Ära des alpinen Rennsports eingeleitet. Die geniale Idee der genialen Köpfe in Annecy hatte den Rennsport verändert.

Die Kitzbühel-Woche war schon in meiner Zeit als Rennläufer die stressigste des Jahres gewesen. In meiner Zeit als Manager war's aber noch um ein Eck wilder. Drei Tage hatten wir wichtige Sportartikelhändler in Kitzbühel, um ihnen die Neuheiten der nächsten Saison zu präsentieren, wir hatten Sitzungen des Salomon-Racing Steering Committee, um die weitere Rennlauf-Strategie zu besprechen, wir hatten Salomon-Manager aus Annecy da, die natürlich zu betreuen waren – und dann waren da noch die Triumphe von Fritz und Mario am Samstag und Sonntag zu feiern.

Die Kitzbühel-Woche war besser verlaufen, als ich mir das in meinen kühnsten Träumen vorgestellt hätte. Ich war begeistert, euphorisch, überglücklich, als ich Sonntagabend einschlief – während einer Siegesfeier.

Montag erwachte ich in der Realität. Schuppen, Fieberblasen, Sprachstörungen – die Wirklichkeit hatte

DIE REVOLUTION
Mario Matt und sein Salomon Equipe 3V revolutionierten den Skilauf – mit völlig neuer Skitechnik und völlig neuer Fahrtechnik triumphierten der Tiroler und seine Ski zunächst in Kitzbühel 2000 und dann bei der WM in St. Anton 2001.

mich nach dem Hochgefühl der letzten Tage beinhart eingeholt. Ich fuhr nach Hause und nahm eine Aus-Zeit, eine Woche. Mein Körper reagierte blitzschnell auf die Überbelastung und warnte mich deutlich.

Ich hatte natürlich in meiner zweiten Karriere denselben Einsatz, denselben Perfektionismus und dieselbe Schlagzahl entwickelt, die ich aus meiner ersten Karriere gewohnt war. Aber nun bekam ich einen Warnschuss vor den Bug. Erstmals musste ich mich aus dem Spiel nehmen. Erstmals wurde ich daran erinnert, dass ich noch immer auf dem Weg zurück ins „normale" Leben war – und noch lange nicht am Ziel.

Ich musste nun lernen, dass Perfektion und bedingungsloser Einsatz nicht alles sind im Leben – dass es Erholungsphasen geben muss, dass man Grenzen seiner eigenen Leistungsfähigkeit akzeptieren muss, dass man sich selbst Zeit gönnen muss.

Ich musste das Loslassen lernen – und es war viel schwerer zu lernen als Marketing, Vertrieb oder Firmenphilosophie …

Mario war ein Shooting Star, wie ihn der Weltcup seit langem nicht gesehen hatte – nicht einmal Alberto Tomba war mit solchem Getöse auf die große Bühne getreten. Da kam ein Kerl daher, der anders fuhr, anders aussah und andere Ski fuhr als alle anderen.

Sensationell war vor allem, wie Mario mit der neuen Situation umging: Sonntag früh war er ein unbekanntes Nachwuchs-Talent aus Flirsch am Arlberg, Sonntagnachmittag war er ein Superstar. Dennoch blieb er cool und fuhr eine saubere Saison zu Ende, mit FIS-Rennen, Europacup und natürlich auch Weltcup – darunter dritten Plätzen in Adelboden und Yongpyong und einem Sieg beim tollen Nachtslalom in Schladming.

Normalerweise folgt bei einem jungen Läufer auf die Saison mit dem Durchbruch die Saison mit dem Einbruch. Was aber tat Mario im November 2000? Er wurde Zweiter in Park City, zu Beginn der Saison, die für ihn einen ganz besonderen Höhepunkt hatte: die WM in St. Anton – zehn Autominuten von seinem Elternhaus entfernt.

Es schien also genauso weiterzugehen, wie die letzte Saison geendet hatte – und Mario schien zu viel mehr in der Lage als zu einem reinen Slalom-Spezialisten, er war im Europacup auch bei den Abfahrten und Riesenslaloms ganz gut dabei.

Ich hatte schon im Vorfeld der Saison eine Idee gehabt und Mario ein paar Tage zu Robi ins Abfahrts-Training geschickt, im Hinterkopf saß bei mir schon die Kombination bei der St. Antoner WM.

Einen Monat nach Park City gewann er in Madonna, nach Weihnachten wurde er Zweiter in Wengen.

GOLD UND SILBER ...
Mario Matts großartiger Sieg im Slalom und die Silbermedaille in der Kombi machten ihn zum Superstar der WM in St. Anton.

... UND BRONZE DAZU
Eine Bronze-Medaille, mit der niemand gerechnet hatte: Frederic Covili holte Platz drei im Riesenslalom bei der WM in St. Anton – auf dem Salomon Equipe 2V.

Für die WM war Mario schon längst qualifiziert, aber just vor dem wahrscheinlich wichtigsten Event seiner Karriere kam Sand ins Getriebe: Ausgerechnet in Kitzbühel und in Schladming, bei den beiden prestigeträchtigen Heimrennen, schied er aus.

Mario war verunsichert, man merkte es sogar im Training deutlich. Und es waren nur mehr zwei Wochen bis zu „seiner" WM.

Da nahm ich ihn zur Seite und bat ihn, in St. Anton auch Kombination zu fahren. Er hatte beim Herbst-Training mit den Abfahrern viel Talent gezeigt, er konnte sich also realistische Chancen auf eine Medaille ausrechnen. Und der für mich wichtigere Grund: Marios Situation erinnerte mich genau an meine eigene in Crans Montana 1987. Auch ich fuhr damals als einer der besten Slalomfahrer der Welt zur WM, aber auch ich war damals verunsichert – mir hatte damals ein Erfolgserlebnis gefehlt, genau wie Mario jetzt. Und ich hatte mir das nötige Selbstvertrauen mit einer Bronzenen in der Kombination geholt.

Es gelang mir, Mario zum Kombi-Start zu überreden. Und es lief haargenau so, wie ich mir das erhofft hatte: Mario fuhr die ersten zwanzig Tore des Kombi-Slaloms völlig ohne Risiko, nach der Zwischenzeit drehte er ein bisschen auf, im zweiten Lauf attackierte er, war fast wieder der Alte. Nach dem Slalom lag er auf Platz zwei, nur 14 Hundertstel hinter Aamodt. Endlich war er bei einem Rennen wieder durchgekommen – und er hatte außerdem seine Chance auf eine Medaille gewahrt.

EDELMETALL-GESCHWISTER
Janica Kostelic und ihr Bruder Ivica: Sie holte fünfmal Gold und einmal Silber bei WM und Olympia 2002 und 2003, er steuerte in St. Moritz WM-Gold zum Familiensilber bei.

DER SCHWEDISCHE KOMET
Anja Paerson: Slalom-Gold und Riesenslalom-Bronze in St. Anton, 2002 in Salt Lake City Olympia-„Riesen"-Silber und Slalom-Bronze. 2003 der zweite WM-Titel: Gold im „Riesen".

Am nächsten Tag rettete er mit einer sensationellen Abfahrt – Platz sieben, nur eine halbe Sekunde hinter Aamodt! – Silber bei der WM-Kombi.

Als ich Marios Gesicht im Ziel sah, wusste ich genau, wie es ihm ging – genauso wie mir 14 Jahre davor in Crans Montana nach der Bronzenen in der Kombi. Er hatte nun nichts mehr zu beweisen, er hatte seine Medaille – er konnte im Slalom angreifen.

Jetzt, wusste ich, war er wirklich gefährlich.

Sein sensationeller Ritt zu Gold in einem der aufregendsten Rennen, die es je gegeben hat, vor dieser unglaublichen Kulisse der 60.000 fanatischen Zuseher war ein unbeschreiblicher Abschluss dieser WM.

Ein solches Rennen habe ich weder vorher noch nachher jemals erlebt.

Die Bilanz der von Schröcksnadel, Schranz & Co. perfekt inszenierten WM bedeutete eine Wachablöse im Skizirkus: Erstmals war Salomon bei einer Großveranstaltung erfolgreichste Ski-Marke. Und mit Mario Matt hatten wir den besten Läufer der WM.

Ich war am ersten großen Höhepunkt meiner zweiten Karriere angelangt.

Als Rennsport-Chef bist du kein „Chef“, sondern Mädchen für alles: Du suchst die Läuferinnen und Läufer aus, die zur Marke passen, und verhandelst die Verträge mit ihnen, du bist Koordinator zwischen Läufern und Ingenieuren. Du bist verantwortlich für Auswahl und Motivation der Serviceleute, bist manchmal Tipp-Geber fürs Training deiner Läufer und du vertrittst die Marke gegenüber Medien und Öffentlichkeit.

Ich versuche mich aber dabei doch eher im Hintergrund zu halten – das laute Auftreten ist mir nie so gut gelegen. Daher bin ich auch bei gar nicht so vielen Rennen dabei, wie man meinen würde. Meine Arbeit geschieht eher im Hintergrund, ich muss mein Gesicht nicht dauernd in Zeitungen oder im Fernsehen sehen.

Auf diese Weise war ich beim zweiten riesigen Racing-Erfolg für Salomon Österreich gar nicht live dabei: Ich sah Fritz Strobls Fahrt zu Olympia-Gold in Salt Lake City am 10. Februar 2002 daheim in Mieders vor dem Fernsehapparat. Ich fieberte bei dem Rennen mehr mit als jemals zuvor bei einem anderen, und ich jubelte, als Lasse Kjus und Steff Eberharter hinter ihm geblieben waren, über Fritz’ Goldene mehr als früher über einen eigenen Sieg. Nicht nur weil der Erfolg für Salomon unheimlich wichtig war, der nächste riesige Schritt in der Entwicklung der Marke, sondern auch weil ich mich für Fritz unglaublich freute. Und auch für sein gesamtes Team, das davor ja mein Team gewesen war: Horst Gschwandtner war schon mein Servicemann gewesen, mein Bruder Stephan war schon mein Schuh-Servicemann gewesen, Fritz’ Trainer Robi Trenkwalder hatte mich trainiert.

Fritz hat diesen Sieg nicht nur menschlich verdient wie wenige andere, er hat ihn sich auch erarbeitet: Erst seine großartigen Fähigkeiten als Tester haben es uns ermöglicht, ihm seine Gold-Ski zu bauen. Er hat seine Siegerski eigentlich selbst entwickelt …

Fritz’ Triumph – nach dem Abfahrts-Weltmeistertitel von Hannes Trinkl im Jahr davor – war auch ein großartiger Beweis der Klasse von Robi Trenkwalder

GOLDES WERT

Was für ein Triumph: Fritz Strobls Fahrt zu Olympia-Gold in Salt Lake City war nicht nur für ihn persönlich, sondern auch für Salomon Goldes wert – Salomon bestätigte nach dem Triumph bei der WM in St. Anton nun auch bei Olympia die Position als Nummer eins im Rennsport.

als Trainer. Erst im Sommer nach meinem Schlaganfall hatte er die damals Abgeschriebenen übernommen – nun hatte er aus den „Dinosauriern“ einen Weltmeister und einen Olympiasieger gemacht.

Auch in Salt Lake wurden wir zur erfolgreichsten Marke, wieder war Salomon die Nummer eins – nach der WM-Premiere im Jahr davor war uns das nun erstmals bei Olympia gelungen.

Und eineinhalb Monate später stand der vielleicht überhaupt größte Erfolg der Racing-Marke Salomon fest: Erstmals holten wir den Sieg im Marken-Weltcup.

Oft werde ich gefragt, wie Salomon einen so rasanten Aufstieg von der jüngsten, von der „verrücktesten“, zur erfolgreichsten Marke im Rennsport schaffen konnte – und wie viel davon mein Verdienst sei. Ich war ja 1994 einer der ersten Läufer der absoluten Weltklasse, die zu Salomon wechselten.

Ich kann mich noch erinnern, dass damals in Annecy die Lebensart noch eine sehr südfranzösische war. Tolle Ideen, Genieblitze am laufenden Band – aber nur in der knappen Zeit zwischen den Kaffeepausen. Arbeit am Wochenende, auch wenn es noch so dringend war? No, Monsieur. – Mehr als einmal versuchten Trenki und ich am Wochenende verzweifelt, einen Ingenieur zu erwischen. Gelungen ist es uns damals nie …

Ich glaube aber, dass unsere deftige Tiroler Art – denn wenn wir dann Montag endlich jemanden erreichten, hatte sich ein wenig Energie aufgestaut –, dass unsere oft wahnsinnig lästige Art dabei geholfen hat, den Freeridern im Bereich Racing eine Prise mitteleuropäischer Disziplin und Ernsthaftigkeit einzuimpfen. Ich glaube, dass davon heute noch alle Top-Läufer bei Salomon profitieren – ob Mario oder Fritz, ob Renate, die Kostelic-Geschwister oder all die anderen Stars.

Ein ganz wesentlicher Punkt ist aber, dass das Genie dadurch nicht kleiner wurde. Eine Erfindung wie die extrem taillierten Kurz-Ski hat uns einen Technologie-Vorsprung verschafft, an dem die anderen Marken lange zu knabbern hatten – und während die anderen aufholten, konnten wir schon ans Entwickeln von neuen Innovationen denken.

Weitere wesentliche Gründe für die tollen Salomon-Erfolge im Rennlauf: die exklusive Zusammenarbeit mit den Hangl-Brüdern, die ihre Platten exakt an unsere Bedürfnisse anpassen. Und die Ausgewogenheit zwischen Damen- und Herren-Rennsport. Natürlich bedeutet das mehr Aufwand – aber es zahlt sich eben aus. Nicht nur im Gewinn des Marken-Weltcups oder anderer Titel. Sondern auch insofern, als ja der Rennlauf eine „Hexenküche“ für die Neuentwicklungen für den Freizeit-Skiläufer ist, ein High-Tech-Testlabor, wo die Innovationen, die danach im Handel für jedermann (und jederfrau) erhältlich sind, ihren Härtetest bestehen müssen. Und auch da kann Salomon als Marke für Männer *und* Frauen punkten.

Das führt mich zum letzten wichtigen Grund der Überlegenheit, die Salomon im Rennsport entwickeln konnte: die „Transferpolitik“. Wir wählen unsere Vertragsläuferinnen und -läufer sehr genau aus. Nicht nur nach ihren sportlichen, sondern auch nach ihren

menschlichen Fähigkeiten. Wer Salomon fährt, muss zu Salomon passen.

Das beginnt bereits im Jugend-Rennlauf, wo wir es in Österreich rein mengenmäßig nicht mit den meisten anderen Marken aufnehmen können – aber wir bemühen uns eben, bei der Auswahl besonders sorgfältig vorzugehen. Ebenso bei der Auswahl unserer Serviceleute – das Team, das ich mir zusammengestellt habe, ist eines von absoluten Experten.

Ein besonderer Glücksgriff war der Zugang von Renate Götschl. Renate ist zwar impulsiver als Fritz, aber was ihre testerischen Fähigkeiten und ihre Professionalität betrifft, ist sie das weibliche Gegenstück zu Fritz. Mario, Fritz und Renate verstehen ihre Rollen als Rennläufer gesamtheitlich – das heißt, dass für sie der Job nicht erst im Starthaus beginnt und bei der Ziellinie endet, sondern dass sie sich ins Testen intensiv einbinden, dass sie das Bild der Marke, die sie vertreten, mitgestalten – und dass sie einfach keine Stars mit Allüren sind, sondern ganz normale Leute. Und dass sie, das ist vielleicht die wichtigste Eigenschaft von erfolgreichen Rennläufern, das Wort „jammern“ nicht einmal buchstabieren können. Vor allem Mario mit seiner langwierigen Schulter-Sache und Renate mit ihrer ganz schweren Knieverletzung hätten Grund genug gehabt.

Dass sie nicht gejammert, sondern professionell und zielstrebig an ihrem Comeback gearbeitet haben, hat mir sehr getaugt. Wer Pech überwindet, zwingt das Glück: Mit den beiden werden wir noch sehr viel Freude haben …

DIE SPEED-QUEEN

Renate Götschl war Günthers absolute „Wunschkandidatin“. „Sie passt zu uns“, sagte er und setzte durch, dass sie in ihrem ersten Salomon-Jahr sogar „fremde“ Skischuhe fahren durfte. Im zweiten fand sie von selbst Geschmack an Salomon …

MEINE BESTEN GEGNER

Günther fuhr von 1982 bis 1998 im Weltcup – Generationen von Stars hatte er als Gegner, Franz Klammer und Ingemar Stenmark, Pirmin Zurbriggen und Marc Girardelli, Thomas Stangassinger und Michael von Grünigen, Stephan Eberharter, Lasse Kjus, Kjetil-Andre Aamodt und Hermann Maier. Hier seine ganz persönliche Reihung.

Hydro
Texaco
Hydro
Texaco
PHENIX
6 1

2

Die Rangliste meiner Gegner von 1982 bis 1998 entstand nicht allein anhand der Erfolge – das wäre zu eindimensional gewesen. Ich habe versucht, die Bedeutung der Läufer, ihre Leistung und ihren Einfluss auf die Entwicklung des Skisports in meine Wertung einfließen zu lassen.

1 **Kjetil-Andre Aamodt:** Kjetil ist einer der größten Sportler aller Zeiten, obwohl er „nur" einmal (93/94) den Gesamt-Weltcup holte. Aber er ist einer der Läufer mit Siegen in allen Weltcup-Disziplinen. Und er bringt Top-Leistungen über unglaublich lange Zeit: Kjetil erreichte im November 89 sein erstes Top-15-Resultat im Weltcup, holte zehn Jahre nach dem Super-G-Olympiasieg von Albertville 1992 in Salt Lake City Gold in Super-G und Kombi. Für mich die erstaunlichste Leistung: wie schnell er sich auf die neue Slalom-Technik umstellte – was vielen Spezialisten nicht gelang, schaffte er als Allrounder. Kjetil verdient allergrößten Respekt.
2 **Hermann Maier:** 1997/98, in meiner letzten Saison, „erlöste" er Österreich – 28 Jahre nach Karl Schranz bescherte der Hermann dem ÖSV wieder die Weltcup-Kugel. Ich halte Hermann für einen der besten Racer der Ski-Geschichte, vielleicht sogar für den besten: Er ist derjenige, den Rennstress am meisten beschleunigt.
3 **Marc Girardelli:** Nicht nur als Skifahrer oft genial, sondern auch als Schlitzohr. Marc und sein Vater haben viel probiert, viel bewegt und viel erreicht: fünfmal Gesamt-Weltcup, viermal WM-Gold. Wir waren nie besonders gute Freunde, aber meinen Respekt vor seinen Leistungen konnte das nie schmälern.
4 **Stephan Eberharter:** Schon 1991 in Saalbach Doppel-Weltmeister, fiel der Steff wenig später aus allen ÖSV-Kadern. Er kämpfte sich über den Europacup Ende der Neunziger wieder zurück – bis zum Sieg im Gesamt-Weltcup 2001/02 und 2002/03, Super-G-WM-Gold 2003 in St. Moritz und Olympia-Gold 2002 im Riesentorlauf. Mich beeindruckt Steffs Sturheit, sein Eigensinn. Er ist einer, der immer das durchsetzt, was er für richtig hält. Durch diese Sturheit passieren Fehler, aber sie macht ihn auch stark und unabhängig von äußeren Einflüssen. Als Skifahrer ist sein enormes Feingefühl besonders bewundernswert. Auf aggressivem Kunstschnee ist er eine Klasse für sich.
5 **Pirmin Zurbriggen:** Sie nannten ihn „Mister Super-G". Pirmin holte sich zwischen 84 und 90 viermal den Gesamt-Weltcup und die kleine Super-G-Kugel. 88 in Calgary wurde er Abfahrts-Olympiasieger. Für mich war vor allem Pirmins Konstanz verblüffend; manchmal ist er mir vorgekommen wie eine Maschine: Knopf drücken, und eine Top-Platzierung wurde produziert.
6 **Lasse Kjus:** Es gibt Musiker mit dem absoluten Gehör – Lasse hat das absolute Bewegungsgefühl. Ein genialer Fahrer, der sich zwar manchmal ein wenig zu sehr auf sein Genie verlässt, aber dennoch einer der erfolgreichsten Läufer aller Zeiten ist: Bei der WM 99 in Vail gelang Lasse ein bisher einmaliges Kunststück – er schnappte sich in jeder Disziplin eine Medaille.
7 **Ingemar Stenmark:** Als ich in den Weltcup kam, war seine größte Zeit vorbei, sein Nimbus aber immer noch spürbar: Stenmark am Start = Stenmark der Sieger, so hieß jahrelang die Gleichung in technischen Dis-

ziplinen. Abseits der Piste unheimlich nett, aber als Skifahrer ein eiskalter Killer, den auch riesige Rückstände nach ersten Durchgängen nicht aus der Ruhe brachten.

8 **Alberto Tomba:** Ein Vollblut-Racer wie Maier, auch wenn es nie so wirkte. Selbst wenn Alberto nicht perfekt vorbereitet war, im Rennen brachte er immer seine Leistung. Er benahm sich nicht wie ein Star, er war ein Star, speziell nach Doppel-Gold in Calgary 1988. 94/95 schlug er mich im Gesamt-Weltcup – nicht zuletzt wegen seines unerschütterlichen Selbstvertrauens.

9 **Rudi Nierlich:** Niemand wird je wissen, was der Rudi noch gewonnen hätte, ein Bewegungstalent wie Kjus und ein genialer Skifarer; es wäre wohl auch in Richtung Gesamt-Weltcup gegangen. Er sträubte sich ja noch gegen die zusätzliche Disziplin Super-G, weil er bei mir sah, wie viel Aufwand das bedeutet.

10 **Phil Mahre:** Ein cooler Ami-Typ, der im Winter mit Schlabber-Jeans und T-Shirt herumgegangen ist; mir war beim Zuschauen kalt. Als Skifahrer werden seine Allrounder-Qualitäten unterschätzt: Der tolle Techniker stand viermal unter den besten Zehn einer Abfahrt.

11 **Bode Miller:** Niemand geht so an die Grenzen des neuen Materials wie Bode; für mich ist er als Weltcup-Gesamtsieger nicht zu verhindern, wenn er sich nicht verletzt. Als Weltcup-Frischling war er nervlich nicht top, aber jetzt zählt er auch psychisch zu den Besten.

12 **Franz Klammer:** Der erfolgreichste Abfahrer aller Zeiten wird als Skifahrer unterschätzt. Er war ein talentierter Riesenslalom-Fahrer, aber es war eben in Österreich Abfahrts-Zeit – und der Super-G noch nicht erfunden. Der Franz hätte im Super-G einiges gewonnen.

13 **Markus Wasmeier:** Der Wasi war bei Großereignissen als Außenseiter brandgefährlich, da war seine sensationelle Lockerheit die große Stärke: 85 wurde er Riesenslalom-Weltmeister, 94 holte er Olympia-Gold in Super-G und Riesenslalom. Als Favorit strauchelte er: 1992 verpasste er in Albertville die „reservierte" Abfahrts-Medaille, ich schnappte ihm Bronze weg.

14 **Frank Piccard:** Ein feinfühliger Skifahrer, ein toller Tester, der durch seinen Wechsel zu Salomon nach Olympia 92 sehr viel für den Aufbau der Marke getan hat. Er krönte seine Karriere 88 mit dem Olympiasieg im Super-G und Platz drei in der Abfahrt, vier Jahre später holte er Abfahrts-Silber in Albertville.

15 **Hans Knauss:** Skitechnisch ausgezeichnet in seiner Vielseitigkeit, aber nicht immer vom Glück verfolgt, wenn es um Hundertstel geht. Von allen aktiven Läufern ist mir der Hans vielleicht am ähnlichsten.

16 **Michael von Grünigen:** Einer der allerbesten Techniker der Ski-Welt. Ich finde, er hätte sich nicht auf den Riesenslalom konzentrieren müssen – so perfekt, wie er bei allen Bedingungen auf dem Ski stand, hätte er das Zeug zum Allrounder gehabt.

17 **Franz Heinzer:** Der Franz kam als Youngster ins dominierende Schweizer Abfahrts-Team der Achtziger, entwickelte sich aber technisch zu einem „vollwertigen" Skifahrer. Er ist einer der wenigen Abfahrer dieser Ära, die den Schritt zum erfolgreichen Super-G-Fahrer schafften; dafür gebührt ihm viel Respekt.

18 **Paul Accola:** Urig, kernig, schweizerisch, so war der Pauli immer. Und stark in allen Disziplinen; nur in der Abfahrt gelang ihm nie ein Weltcup-Sieg. Dass er 92

den Gesamt-Weltcup holte, lag an seiner bewundernswerten Konstanz und dem damals tollen Rossignol-Ski.

19 **Atle Skaardal:** Die Norweger hatten's zu Beginn relativ schwer, sich im Weltcup zu etablieren. Atle hat den Weg bereitet für Kjus und Aamodt. 96 und 97 wurde er Super-G-Weltmeister, stark war er auch in der Abfahrt.

20 **Ole-Christian Furuseth:** Ole war die nächste „norwegische Evolutionsstufe" nach Atle: Er ging auf die technischen Disziplinen und den Gesamt-Weltcup los.

21 **Andi Wenzel:** Der männliche Teil des medaillensammelnden „Wenzel-Clans" gewann 14 Weltcup-Rennen, nur ein Abfahrtssieg gelang nie. 1980 wurde er als einer der Vielseitigsten seiner Zeit Weltcup-Sieger.

22 **Peter Müller:** Durch seinen großartigen Trainingseinsatz im Sommer und sein fast besessenes Tüfteln am Material hat der „Pitsch" sein skitechnisches Potenzial mehr als nur ausgereizt. 19 Weltcup-Abfahrten gewann er – nur Franz Klammer siegte öfter.

23 **Fritz Strobl:** Zweimal Streif-Sieg, Olympia-Gold 2002 sind bisher die Höhepunkte. Fritz ist einer der feinfühligsten Skifahrer, die es je gegeben hat; er fährt durchaus in der Eberharter-Kjus-Nierlich-Kategorie.

24 **Luc Alphand:** Vom ewigen Sturzpiloten wurde er mit 30 Jahren zum Gesamt-Weltcup-Sieger; das beweist seine große mentale Stärke.

25 **Thomas Stangassinger:** Für mich ist Stani ein bisschen der österreichische Michael von Grünigen. Er hat sich schon sehr früh auf Slalom spezialisiert – obwohl seine Brillanz durchaus mehr ermöglicht hätte. Highlight: Slalom-Gold 1994 in Lillehammer.

26 **Patrick Ortlieb:** Geradeaus war er der Aller-

schnellste: Sein Killerinstinkt und seine Gleitfähigkeiten brachten ihm Olympia-Gold in Albertville 92 und vier Jahre später WM-Gold in der Sierra Nevada.

27 **Hubert Strolz:** Ein wahnsinnig guter Skifahrer, aber der Rennstress machte ihn nicht schneller – und die ewige Frage „Hubsi, wann gewinnst endlich ein Rennen?“ belastete ihn immer mehr. Sein Kombi-Olympiagold 1988 in Calgary habe ich ihm sehr vergönnt.

28 **Leonhard Stock:** Der Leo hätte die Fähigkeiten zum Allrounder gehabt; aber er wurde ins österreichische Abfahrer-Schema gepresst; später zeigte er auch, was technisch in ihm steckte.

29 **Martin Hangl:** 1989 in Vail wurde er Weltmeister im Super-G – eine verdiente Krönung seiner Karriere; Martin war technisch exzellent.

30 **Joel Gaspoz:** Ein Ski-Genie, ein skitechnisches Wunderkind; aber leider nicht der Übertrainerer. Sieger der Riesentorlauf-Spezialwertung in der Saison 85/86.

31 **Frank Wörndl:** Ein bisschen wie Luc Alphand: Jahrelang fuhr Frank hintennach, aber dann setzte er sein Potenzial um – 1987 Slalom-WM-Gold (vor mir), ein Jahr danach holte er in Calgary Olympia-Silber.

32 **Hannes Trinkl:** Als Junger ein Sturzpilot – 2001 mit Erfahrung und Trenkwalder-Taining Weltmeister.

33 **Andreas Schifferer:** Ein Tüftler, was Material und Training betrifft. Oft ganz knapp dran: 97 WM-Bronze im Riesenslalom, 02 Olympia-Bronze im Super-G, 98 Gesamt-Zweiter und Sieger im Abfahrts-Weltcup.

34 **Hans Enn:** Skifahrerisch genial; aber in seiner Generation war Training nicht immer das Wichtigste. 1980 Riesenlalom-Bronze in Lake Placid.

35 **Armin Bittner:** 88/89 und 89/90 Slalom-Weltcupsieger. Ein Urbayer mit der Sturheit und Disziplin eines norddeutschen Fußballers.

36 **Harti Weirather:** Hinter Franz Klammer wohl der Zweitbeste der österreichischen Abfahrts-Generation; 1982 Kitz-Sieger und in Schladming Weltmeister.

37 **Thomas Sykora:** Er und Furuseth brachten die neue Technik in den Slalom – noch auf altem Material. 96/97 und 97/98 Slalom-Weltcup-Sieger, 98 Olympia-Dritter. Wegen Knieverletzungen vorzeitiges Out.

38 **Max Julen:** Insgesamt ein wenig die Schweizer Antwort auf unseren Hubsi Strolz. Aber 1984 in Sarajevo Olympiasieger im Riesentorlauf.

39 **Peter Wirnsberger:** Olympiasilber 1980 für den Tüftler und Nachdenker aus der Abfahrer-Generation.

40 **Daron Rahlves:** Der Super-G-Weltmeister 2001 ist ein wilder Hund; einer, der jederzeit explodieren kann, Spezialist für schwierige Pisten und Verhältnisse.

41 **Kristian Ghedina:** 1991 in Saalbach WM-Kombi-Zweiter, 96 (Silber) und 97 (Bronze) auf dem Abfahrts-WM-Podium. Beste Sprungtechnik aller Abfahrer!

42 **Heli Mayer:** Mit ein bisschen mehr Selbstvertrauen wäre sogar noch mehr möglich gewesen als Olympia-Silber 88 im Super-G und WM-Silber 89 im Riesenslalom.

43 **Jean-Luc Cretier:** Happy End: Olympiasieg mit 31 in Nagano (in den von Stephan und mir entwickelten Schuhen) als krönender Karriere-Abschluss.

44 **Bojan Krizaj:** Methodisch aufgebauter Slalom-Weltcup-Sieger 1986/87, jetzt Elan-Rennchef.

45 **Mario Reiter:** 98 in Nagano Olympiasieger in der

Kombination; Mario hat mehr und härter trainiert als alle anderen, aber der Umstieg auf das neue Slalom-Material ist ihm nicht geglückt.

46 **Robert Zoller:** Der beste ÖSV-Slalomfahrer Mitte der Achtziger, ein tolles Bewegungstalent.

47 **Finn-Christian Jagge:** Slalom-Olympiasieger 92. Und in Madonna 1999 erster Kurzski-Sieger – ein historisches Rennen.

48 **Anton Steiner:** „Jimmy“ bewahrte Österreich 1984 in Sarajevo mit Abfahrts-Bronze vor medaillenlosen Spielen. Er und Hans Enn hätten schon eine Generation vor mir den Gesamt-Weltcup angreifen können – aber es herrschte ja die Abfahrts-Dominanz …

49 **Rok Petrovic:** Die jugoslawische Sternschnuppe: 85/86 genial schnell im Slalom, dann wieder weg.

50 **Bernhard Gstrein:** 1988 Olympia-Silber in der Kombination hinter Hubert Strolz. Berni war ein Mann für geniale Läufe zwischendurch – und mein bester Freund im Skizirkus.

51 **Helmuth Höflehner:** 1984/85 und 1989/90 Sieger der Weltcup-Spezialwertung in der Abfahrt. Bei Großereignissen leider nur Trainingsweltmeister.

52 **Mike Tritscher:** Der unbarmherzigste Trainierer und unglaublichste Fighter, den ich je kennen gelernt habe. 1992 in Albertville Olympia-Dritter im Slalom.

53 **Daniel Mahrer:** 1991 in Saalbach WM-Bronze in der Abfahrt. Zu seiner besten Zeit der wildeste Hund.

54 **Peter Runggaldier:** Skitechnisch genialer Abfahrer, aber schlechter Gleiter. Daher im Super-G auch besser.

55 **Christian Mayer:** Genial wie Eberharter und Kjus, aber durch Krankheitspech zurückgeworfen.

DIE ZUKUNFT DES SKISPORTS

Offen, ehrlich – und mitunter auch kontroversiell: Günther Maders Meinungen zu aktuellen Themen im Rennsport, zu nötigem Umdenken im Marketing, zu möglichen Änderungen des Reglements, zur Zukunft des Skisports.

EIN LIEBLING MIT ECKEN UND KANTEN

Günther war nie „Everybody's Darling", das wollte er auch nie sein – dennoch ist er mit sechs „Goldenen Teekannen" der beliebteste Skirennläufer, den Österreich je hatte. Woran das liegt? „Ich war immer offen, ehrlich und direkt. Das mögen die Leute", sagt er.

EIN FREERIDER VON KINDESBEINEN AN
Den Salomon-Spirit des „Freeridens" pflegt Günther seit über dreißig Jahren – sich in jedem Gelände und bei allen Bedingungen zurechtzufinden ist Grundvoraussetzung für eine perfekte Technik.

Wenn es darum ging, meine Meinung zu sagen, habe ich mich nie in den Vordergrund gedrängt, aber auch nie versteckt. Und ich war schon in meiner aktiven Zeit bekannt dafür, nicht um den heißen Brei herumzureden – aber Sachen lieber auszureden als auszustreiten. Ich glaube, in erster Linie verdanke ich dieser Offenheit und Ehrlichkeit jene sechs „Goldenen Teekannen", die mir Österreichs Ski-Fans im Lauf meiner Karriere für den „beliebtesten Ski-Star" verliehen haben. Im Folgenden beantworte ich einige Fragen, die mir besonders oft gestellt werden – aus meiner ganz persönlichen Sicht. Und so offen und ehrlich, wie Sie es von mir gewohnt sind.

Wer wird dein ÖSV-Nachfolger als „perfekter Skirennläufer"? Wem traust du Siege in allen fünf Disziplinen am ehesten zu?

Es war eine strategische Entscheidung von ÖSV-Cheftrainer Toni Giger, auf den Gesamt-Weltcup loszugehen, aber den Slalom dabei links liegen zu lassen. Es war – wie man deutlich sieht – eine richtige, aber – wie ich meine – keine schöne Entscheidung. Ich glaube, man sollte sich seine Ziele nicht durch ein Reglement diktieren lassen, sondern man sollte seine eigene „Mission" definieren, wie das Robi und ich schon in Gries am Brenner ganz zu Beginn getan haben. Unser ganz großes Ziel war, ein umfassender Skirennläufer zu werden, nach einer Vielseitigkeit zu streben, die Siege in allen Disziplinen ermöglicht – ab der Einführung des Super-G 1982 hieß das: in fünf Disziplinen.

Ich sehe derzeit nur zwei ÖSV-Läufer, die das Zeug dazu haben, Rennen in allen fünf Disziplinen zu gewinnen: Benni Raich und Mario Matt. Skitechnisch sind beide absolut in der Lage dazu – die Frage ist nur, ob sie sich den enormen Aufwand antun wollen. Das zusätzliche Training, die zusätzlichen Materialtests, die enormen Reisestrapazen und vor allem der psychische Stress sind eine gewaltige Belastung – ich weiß davon ein Lied zu singen. Du musst dich als Allrounder damit abfinden können, dass du in gewissen Phasen des Winters oder ganze Saisonen lang in einzelnen Disziplinen keine Chance gegen die Spezialisten hast – aber dennoch mit deiner Leistung ans Limit gehen musst, um überhaupt einen Startplatz zu ergattern.

Läufer aus anderen Ländern hatten es immer schon einfacher, in allen Disziplinen zu starten und erfolgreich zu sein. Der Grund dafür ist ganz einfach: Nirgendwo sonst ist es so schwer, überhaupt einen Startplatz im Weltcup zu erkämpfen. Denn nirgendwo sonst ist die Konkurrenz schon intern, schon von Kindesbeinen an so groß – in jeder Disziplin. Schon bei den Elfjährigen beginnt eine beinharte Auslese.

Wenn Bode Miller als Bodo Müller in Österreich auf die Welt gekommen wäre – was wäre aus ihm geworden?

Ich glaube, ein Skilehrer. Er hätte sich im ÖSV-Weltcupteam wohl nicht durchgesetzt.

Das liegt nicht daran, dass in Österreich Talente übersehen oder schlecht ausgebildet werden. Es liegt an dieser riesigen internen Konkurrenz. Wenn jemand zwischen 18 und 22 Jahren bei 18 Starts 15-mal raus-

DIE NÄCHSTEN „PERFEKTIONISTEN"?
Günther hält Mario Matt (links) und Benni Raich (rechte Spalte) für Österreichs Hoffnungen, in absehbarer Zeit den „Disziplinen-Grand Slam" mit Siegen in allen fünf Weltcup-Disziplinen zu holen. Im Gegensatz zu Bode Miller – „bei dem ist's nur mehr eine Frage der Zeit".

fliegt, ist er als Österreicher weg – als Amerikaner bekommt er weitere Chancen. Weil ganz einfach die internen Alternativen fehlen.

Bei Bode Miller ist es meiner Meinung nach nur mehr eine Frage der Zeit, bis er die Sammlung komplettiert hat. Als „Bodo Müller“ hätte er das nie geschafft – selbst mit seinem überragenden Talent. Auch Hermann Maier war ein talentierter Slalom-Fahrer, bis er „abgezogen“ wurde. Steff Eberharter hatte sowieso immer das Genie, das ihn zum Allrounder prädestiniert hätte. Aber wer sich in Österreich durchsetzen möchte, ist gezwungen, sich auf einzelne Disziplinen zu konzentrieren. Leider.

Österreich ist als Skination zu gut, um einen wie Bode Miller herausbringen zu können.

Wie könnte man „Bode Millers“ insgesamt fördern?

Streichresultate wieder einzuführen wäre aus Fairnessgründen richtig – aber sie wären aus Marketinggründen falsch, würden dem Skisport weniger nützen als schaden. Sie sind daher der falsche Weg. Die FIS geht nun mit eigenen Kombi-Rennen, Abfahrt und Slalom an einem Tag, in die richtige Richtung. Ich hoffe sehr, dass sich dieser neue Bewerb durchsetzt, dass er nicht nur halbherzig durchgeführt wird. Er ist eine große Chance für den Skisport. Nicht zuletzt deswegen, weil dadurch neue Heroes entstehen könnten: Allrounder, die in allen Disziplinen in der Spitze mitfahren. Die sich dem Publikum nicht nur alle zwei, drei Wochen zeigen wie Spezialisten, sondern öfter – und dadurch die Chance haben, zu „Typen“ zu werden, mit denen sich das Publikum identifiziert.

Du beobachtest die Nachwuchs-Szene in Österreich sehr genau. Was fällt dir dabei auf?

Besuche bei Schüler- und FIS-Rennen sind ein besonders angenehmer Teil meines Jobs. Es ist Pflicht und Freude zugleich, den Nachwuchs anzuschauen. Ich stehe dabei gerne auch ein bisschen abseits ... es muss ja nicht jeder sehen, dass der Mader da ist.

Wenn ich in die Zukunft unseres Rennlaufs sehe, sehe ich auch einige Schattenseiten. Die Einstellung, die manche „Jungstars“ an den Tag legen, gefällt mir nicht. Da wird oberg'scheit dahergeredet, aber die Verantwortung für Fehler oder Probleme wird woanders gesucht – beim Sponsor, beim Material, beim Veranstalter, beim Trainer, beim Verband.

Manchmal stehe ich mit Kappe und Sonnenbrille im Ziel eines Nachwuchsrennens und höre den Eltern und ihrem hoffnungsvollen Nachwuchs zu. Manchmal krampft's mich dabei zusammen – vor allem wegen der Ahnungslosigkeit, was das Material betrifft. Es gibt zu wenig Nachwuchsfahrer, die ihr Werkzeug so gut kennen, wie es nötig ist. Und zu viele, die schon früh den Weg des geringsten Widerstandes suchen.

Wann wird es den ersten prominenten Abgang eines Läufers vom ÖSV geben, die erste „Fahnenflucht“? Wird eine Art „Bosman-Urteil“ im Skisport folgen?

Ich halte es nur mehr für eine Frage der Zeit, bis ein ÖSV-Rennläufer, der nicht für Olympia oder WM berücksichtigt wurde, den Verband verlässt und für eine andere Nation startet. Die zurückzuerstattenden Ausbildungskosten binden keinen Läufer der Weltklasse.

Auch die erschwerten Trainingsbedingungen, wenn man auf sich allein gestellt ist, sollten kein Hindernis sein – ich weiß genau, dass man auch auf sich allein gestellt professionell arbeiten kann, wenn man ein gutes Team rund um sich aufbaut.

Der Hauptgrund, warum es keine „Transfers" im Skisport gibt, ist nicht so sehr der Patriotismus – jeder Spitzensportler ist Egoist und muss es sein, um Erfolg haben zu können. Der Hauptgrund ist vielmehr die drohende Sperre, die der verlassene Verband bei der FIS durchsetzen kann.

Ich bin sehr gespannt, wie ein solcher Fall juristisch aussehen würde, wenn ein Läufer tatsächlich den Weg durch die Instanzen gehen würde – leicht möglich, dass der Skisport seinen „Fall Bosman" noch vor sich hat.

Natürlich wäre der ÖSV mit seiner alles überragenden sportlichen Dominanz der Leidtragende einer solchen Entwicklung – wirklich? Ist das nicht zu kurzfristig gedacht? Ich traue dem ÖSV zu, auch in den nächsten fünf, zehn Jahren so professionell zu arbeiten, dass die anderen Nationen keine Chance haben. Die Folgen wären fatal: Noch weniger internationales Interesse, noch weniger mediale (vor allem TV-)Präsenz, noch weniger Motivation für junge Leute aus anderen Ländern, in den Ski-Rennsport zu drängen.

Ein Teufelskreis.

Eine Diskussion, die ich in diesem Zusammenhang gerne stärker in den Vordergrund bringen würde, wäre die der Neugestaltung von Teams. Was im Radsport (Sponsorenteams) oder in der Formel-1 (Ausrüsterteams) seit langem Selbstverständlichkeit ist, ist im Skisport ein Tabu – Ski gefahren wird zur Ehre des Vaterlands. Und ausschließlich zu dieser. Basta. Dass dahinter ein weltweites Milliarden-Euro-Business steht, das den Motor antreibt, wird übersehen.

Ich war zeitlebens Patriot und werde es immer sein. Aber ich halte das sture Festhalten an den traditionellen Strukturen für engstirnig. Eines der besten Argumente für neue Überlegungen in diese Richtung ist Michael Schumacher: Die Italiener lieben ihn, weil er „ihren" Ferrari fährt. Die Deutschen lieben ihn, weil er Deutscher ist. Wäre Schumacher Skirennläufer, wäre er nur Deutscher – auch auf einem italienischen Ski.

Ferrari gegen BMW – ein faszinierendes Duell. Atomic gegen Salomon? Derzeit undenkbar. Aber auch das wäre ein toller Fight. Und er würde den Fans mit der Zeit eine zusätzliche Ebene der Identifikation bieten – nicht nur den Läufer als Typ, nicht nur den Landsmann, sondern auch das Team.

Ist jemand weniger Landsmann, wenn er ausländische Produkte benützt? Nein. Hat irgendjemand in Österreich weniger mit Niki Lauda mitgefiebert, nur weil er für Brabham oder Ferrari fuhr? Nein.

Im Skisport sind all diese Gedanken tabu – obwohl sie uns wesentlich dabei helfen könnten, aus der Sackgasse zu finden, in die wir alle derzeit in aerodynamisch perfekter Hocke rasen …

Der Skisport leidet unter der österreichischen Dominanz. Gibt es einen Ausweg?

Der Hickhack um die TV-Rechte ist sehr gefährlich für den Skisport – der Grundfehler, ganz klar, war die Vergabe der TV-Rechte an die nationalen Verbände. Gut verwerten konnten diese Rechte nur zwei Verbände: der ÖSV dank der Management-Qualitäten von Peter Schröcksnadel und der deutsche Verband – wegen der Skispringer. Nicht wegen der Alpinen.

Bei aller Freude über die ÖSV-Erfolge: Der alpine Rennlauf darf nicht zu einer österreichischen Familien-Angelegenheit werden. Das beginnt bei den TV-Rechten, die wieder zurück zur FIS gehören und zentral international vermarktet werden müssen (zum Beispiel durch Peter Schröcksnadel, den perfekten Lobbyisten und begnadeten Verkäufer!), das geht bis zu den Vergaben von Rennen. Auch wenn in Österreich derzeit mehr Publikum kommt als in allen anderen Ländern: Der kurzfristige Erfolg geht hier auf Kosten des langfristigen. Der Hebel ist nicht bei der Vergabe der Rennen an verschiedene Länder und Orte anzusetzen, sondern bei der Qualität der Veranstaltungen.

ÖSTERREICH IST FÜR EUROPA ZU GROSS GEWORDEN – WIR ERDRÜCKEN DIE ANDEREN LÄNDER

Welche Länder ich als Hoffnungen sehe, den Skisport wieder internationaler zu machen?

Zuerst Deutschland. Nicht weil sie so knapp dran wären, sondern weil sie der wichtigste zu erobernde Markt sind. Deutschland hat sich in den letzten Jahren zu einem alpinen Entwicklungsland zurückentwickelt. Man kann es negativ sehen und jammern – oder man kann es positiv sehen. Ich bin sicher, der Skisport hat durch den Durchhänger der Deutschen eine große Chance, wieder zu wachsen. Ein, zwei deutsche Läufer mit halbwegs regelmäßigen Top-Platzierungen würden reichen, und RTL schwenkt mit den Kameras hie und da hinüber zu den Alpinen. Das wäre für die gesamte Szene ein enormer Schub – ich schätze, mit einem starken deutschen Team kämen zwanzig Millionen Euro pro Jahr zusätzliches Geld in den Skizirkus. Vielleicht bringen die österreichischen „Entwicklungshelfer“ Werner Margreiter, Matthias Berthold und Sepp Hanser durch ihren Wechsel in den Trainerstab des DSV die nötigen Impulse!

Auch die Amerikaner werden zwar immer stärker, aber fast größere Hoffnungen setze ich in Kanada. Der neue kanadische Verbandspräsident Ken Read zieht ein ähnlich professionelles System auf wie Schröcksnadel in Österreich. Erfolge im Nachwuchsbereich haben die Kanadier schon …

Für Europa ist Österreich zu groß. Wir haben den Rest des Kontinents erdrückt. Wenn Schweizern, Italienern und Franzosen das Geld fehlt, um im Sommer ordentlich zu trainieren, und wir gleichzeitig eine neue Trainingsgruppe einrichten, um jeden Läufer noch besser zu betreuen – wie soll das auf Dauer gut gehen?

Wie man gegensteuern kann? Kurzfristig kaum. Aber längerfristig sehr wohl. Durch die Zentralisierung der TV-Rechte in den Händen der FIS wäre Geld da, das international in die Zukunft des Skirennsports investiert werden könnte. Man könnte dadurch – als Beispiel – einen Slalom in Finnland perfekt organisieren, man würde den Finnen ihren Helden Kalle Palander näher bringen, würde neues Publikum mit dem alpinen Rennsport konfrontieren, junge Leute ansprechen. Man würde den Kreislauf einer Sportart auch in anderen Ländern wieder in Schwung bringen ...

Derzeit sehe ich aber weniger Hoffnungen als Gefahren. Die internationalen TV-Stationen tendieren eher weg vom Rennsport. Dass „Eurosport" die österreichischen Weltcup-Rennen wegen rechtlicher Probleme nicht übertragen darf, mag wirtschaftlich gesehen seine Berechtigung haben – aber strategisch gesehen, im Hinblick auf die Weiterentwicklung unseres Sports, ist es ein kapitaler Fehler. Zwischen dem Fernsehen und dem Skisport besteht eine gegenseitige Abhängigkeit – wobei wir gestehen müssen, dass wir vom TV abhängiger sind als das TV von uns.

Wir müssen uns der Realität stellen.

Was uns außerdem im Skisport fehlt: konsequent modernes Marketing. Das Wort „Event" hat einen schalen Beigeschmack bekommen, weil sich jedes Maibaumkraxeln als Event tituliert. Aber „Event" als aufregendes Ereignis, das fehlt uns. Nicht um's im Ziel lauter zu haben, sondern um neues Publikum näher an den Skisport heranzubringen.

Warum also nicht ein MTV-Fest am Hahnenkamm-Wochenende? Warum kein Pop-Konzert in Schladming nach dem Nachtslalom? Ausgerechnet diese beiden Top-Ereignisse sind noch zu sehr reine Ski-Events, gerade diese beiden tollen Veranstaltungen hät-

ZUKUNFT BY SALOMON
Die Salomon Stations in Sölden und Zell am See, die Innovation Skier-Cross: Salomon bringt neue Ideen und frische Zugänge in den Skisport.

ten die Möglichkeit, neue Publikumsschichten für den Skisport anzusprechen – Val d'Isere mit seinen Geisterrennen hat ganz einfach nicht die Kraft dazu.

Der Skisport hat noch zu viele Berührungsängste – die müssen abgebaut werden. Neue Ideen, unverbrauchte und mutige Konzepte gehören her.

Das beste Vorbild dazu kommt aus Österreich: Wie die Leute von Red Bull Events planen und organisieren, macht ihnen weltweit niemand nach. Alles, was man tut, perfekt zu machen, verliebt bis ins letzte Detail, kreativ und mit dem Mut zur Verrücktheit – ich würde FIS-Funktionären einen Besuch bei einem Red Bull-Flugtag oder einem anderen Bullen-Event empfehlen.

Ist Salomon als „verrückteste" Skifirma ein Vorbild für die Szene?

Ja. Wir haben im Kopf einen ganz wichtigen Schritt hinter uns, den viele andere Firmen noch vor sich haben. Wir haben kapiert: Wir produzieren und erzeugen keine Produkte, sondern Erlebnisse. Logisch? Logisch: Niemand kauft einen Ski, um einen Ski zu besitzen. Jeder kauft einen Ski, um damit Ski zu fahren.

Das bedeutet eine zusätzliche Aufgabe für uns – denn dass das Produkt absolut top sein muss (und bei Salomon noch dazu innovativ), dieser Anspruch bleibt natürlich auf Position eins in unserem Lastenheft. Aber nur wer auch die Fleißaufgaben von Position zwei bis zehn perfekt erledigt, hat auch in Zukunft eine Chance.

Natürlich bin ich subjektiv – aber ich bin vom Konzept, das wir bei Salomon konsequent umsetzen, ehrlich überzeugt. Und nicht nur ich bin überzeugt, dass der Weg richtig ist: Salomon hat in Österreich in den letzten Jahren Wachstumsraten zwischen 20 und 35 Prozent erreicht. Natürlich wesentlich wegen unserer tollen Rennlauf-Erfolge. Aber sicherlich auch wegen des neuen Wegs, den die Marke geht.

Beispiel Salomon Station: Der Ort zum Erlebnis-Konzept. Coole Architektur, ein umfassendes Konzept aus Produkt, Freizeit und Erlebnis. Ich bin sehr froh, dass ich dazu beitragen konnte, die Salomon Station nach Sölden zu bringen – auf den Rettenbachferner, direkt am Zielstadion des Weltcup-Opening, an einen der besten Plätze der Welt für ein solches Projekt.

Natürlich ist ein Konzept wie die Salomon Station auch kontroversiell, natürlich sind auch Widerstände zu überwinden, wenn man einen Glas-Beton-Quader in Tirol auf 2.800 Meter Seehöhe baut. Aber der Erfolg spricht für sich: Unsere Racing-Camps sind mehr als überbucht, unsere Skier-Cross-Camps haben auf Anhieb eingeschlagen, die Gäste verstehen die Mischung aus Shop, Event-Center und Chill-Out-Zone.

Salomon bringt aber auch sonst jede Menge frische Impulse in den alpinen Skisport:

Beispiel Skier-Cross: Salomon ist Geburtshelfer dieser Sportart, hat wahnsinnig viel Geld und Energie in Aufbau und Entwicklung von Skier-Cross gesteckt. Der Erfolg ist groß – nicht nur in Österreich. Bereits im Winter 02/03 haben ÖSV und FIS begonnen, mit eigenen Rennserien zu reagieren. Vielleicht ist Skier-Cross ab 2006 sogar schon olympisch. Das wäre nicht nur ein toller Push für die neue Sportart, sondern auch eine perfekte Bestätigung des Wegs, den Salomon geht:

EIN NEUES BILD VOM ALPINEN RENNLAUF

Salomon denkt über den Skisport nach – und damit auch über die Helden und ihre Präsentation. Legendär sind mittlerweile die Bilder des Fotografen Kurt Pinter, der Mario, Renate und Fritz in völlig neuem Licht zeigte.

Viel in die Weiterentwicklung des Skisports zu investieren. Neue Ideen, neue Visionen, neue Zugänge zu finden. Ich würde mir hier von manchen „alteingesessenen" Skimarken mehr Unterstützung erhoffen. Denn schließlich sitzen wir bei aller Konkurrenz im selben Boot. Und jeder hätte zumindest die moralische Pflicht, seinen Beitrag für die Zukunft des Skisports zu leisten.

Beispiel Multisport-Marke: Salomon ist von allen Marken im Ski-Weltcup jene mit dem am breitesten gefächerten Tätigkeitsbereich – von Outdoor-Schuhen bis Inline-Skates, von Trekking-Rucksäcken bis Funktionsbekleidung. Das macht es uns im Rennlauf auf der einen Seite nicht leichter, denn jeder Euro meines Rennlauf-Budgets wird wahrscheinlich genauer gewogen als in jeder anderen Weltcup-Marke. Auf der anderen Seite arbeiten bei Salomon Leute mit einem weiteren Horizont – Spezialisten treffen auf Universalisten. Vereinfacht gesagt: Jemand, der den innovativsten Kletterschuh der Welt entwickelt, trifft zu Mittag in der Kantine auf jemanden, der gerade über einen neuen Skischuh nachdenkt. Dass es da zu Ideen- und Gedankenaustausch kommt, ist klar – und wahrscheinlich auch einer der großen Vorteile von Salomon.

In der Sportartikelindustrie ist es ein bisschen wie in der Landwirtschaft: Monokulturen erbringen schneller höheren Ertrag, aber sie entwickeln sich nicht weiter – und sie sind vor allem anfälliger gegen äußere Einflüsse. Eine solche Monokultur war die blühende österreichische Ski-Industrie der Siebziger- und Achtziger-Jahre – sie ist grob gesagt von zwei schneelosen Wintern Ende der Achtziger dahingerafft worden. Überhaupt ist die Ski-Industrie zu Beginn des dritten Jahrtausends eine globalisierte: Die in Vorarlberg produzierende Traditionsfirma Head gehört einem in England lebenden schwedischen Geschäftsmann und notiert an der Wiener und der New Yorker Börse, die Salzburger Marke Atomic gehört einem finnischen Konzern, die Vorarlberger Kästle-Ski gingen im italienischen Benetton-Konzern auf, heißen jetzt Nordica.

Schon 1994, als ich von Fischer zu den „verrückten Franzosen" wechselte, galten Werbung und Mar-

RENNLAUF IST EIN HIGH-TECH-SPEKTAKEL – UND MUSS AUCH SO PRÄSENTIERT WERDEN!

keting von Salomon als wegweisend. Das ist bis heute so geblieben.

Das Marketing der Läufer zählt auch zu meinen Aufgabengebieten. Und was wir dabei versuchen, ist den Rennlauf aus dem Jodel-Eck rauszubekommen. Der alpine Rennlauf ist ein faszinierendes High-Tech-Spektakel – und muss auch als solches präsentiert werden. Der Vergleich mit der Formel-1 ist auch hier passend: Man muss nur überlegen, was an Forschung, Technik, Know-how in jedem einzelnen Skischuh, in jeder Bindungsplatte, in jedem Ski steckt. Und genauso wie die Formel-1 die Hexenküche, das Testlabor für den Serien-Autobau ist, ist auch der Rennlauf der

Motor für die Weiterentwicklung und Verbesserung des Materials, das der Freizeit-Skiläufer kaufen kann.

Das beste Beispiel dafür ist der Salomon-Skischuh „Course" – jener Schuh, den mein Bruder Stephan gemeinsam mit mir konstruierte. Es ist immer noch ein tolles Gefühl für mich, wenn ich in einem Sportgeschäft „meinen" Schuh sehe. Noch besser ist das Gefühl, dass ich weiß, dass er immer noch perfekt funktioniert …

Natürlich ist jede neue Entwicklung auch ein Risiko. Aber die Leute bei Salomon haben die nötige Portion Unvernunft, die Revolutionen erst möglich macht – der Husarenritt mit den kurzen Ski passt perfekt: am Anfang belächelt, dann bestaunt, dann kopiert.

Eine wichtige Rolle spielt dabei der oberste Salomon-Boss Jean-Luc Diard, ein Franzose, der zu Österreich eine besonders enge Beziehung hat. Jean-Luc hat in seiner Jugend ein Jahr bei Salomon Österreich gearbeitet. Unsere Vertriebslegende Rudi Loidl war mit Jean-Luc von Sportgeschäft zu Sportgeschäft unterwegs, um den jungen Franzosen in die Geheimnisse des Verkaufs einzuweihen.

Jean-Luc ist ein genialer, ein bisschen ausgeflippter Typ, einer, wie er es wohl in keiner anderen Skifirma an die Spitze schaffen würde: ein früherer Rennläufer, aber von seiner Einstellung her ein Freerider. Jean-Luc ist einer, der auf diesem schmalen Grat zwischen Genialität und Verrücktheit balancieren kann. Er hat den Riecher für die Dinge, die am Anfang verrückt erscheinen – aber dann doch Revolutionen sind. Nicht nur im alpinen Skilauf: Die neuen Salomon-Surfboards, die derzeit nur in Australien verkauft werden, gelten als die besten, die es weltweit gibt.

Wenn man an die Präsentation, an die Weiterentwicklung des Skisports denkt, sind aber nicht nur die Skifirmen, die Funktionäre, die Rennveranstalter und die Läufer zum Umdenken aufgefordert, sondern auch die Wintersportorte. Ein Ort, der „Fremdenverkehr" so sieht wie in den sechziger Jahren, bekommt zwangsläufig Probleme. Auch hier sind Mut, Kreativität und neue Ideen gefragt.

Und auch hier gibt es ein Beispiel: Sölden beweist, wie sich ein Ort entwickeln kann, wenn Liftbetreiber, Gemeinde und Tourismus an einem Strang ziehen. Wenn alle gemeinsam in eine Richtung gehen und den gemeinsamen Erfolg über die persönlichen Eitelkeiten stellen. Und wenn ein Ort Visionen für die Zukunft entwickelt. In Sölden wird schon seit Jahren darüber nachgedacht, wie man das Angebot für den Gast erweitern kann.

Diesen Gedankensprung, den ich bei Salomon kennen gelernt habe, hat auch Sölden schon geschafft: Niemand will ein Bett oder einen Lift – was die Leute wollen, ist ein Urlaubserlebnis. Das haben die Söldener verstanden – früher als andere. Und daran arbeiten sie. Erfolgreicher als andere. Meiner Meinung nach auch so erfolgreich, dass sie die Konkurrenz etwaiger Super-Skigebiete in Russland oder China – die wohl nur mehr eine Frage der Zeit sind – nicht zu fürchten brauchen. Ganz im Gegensatz zu anderen traditionellen Wintersportorten in den Alpen …

DU SOLLST ... ERFOLG HABEN!

Günther ist seit 1970 im Rennlauf tätig – zunächst als Aktiver, derzeit als Rennsport-Manager. Hier verrät er talentierten Nachwuchs-Hoffnungen seine „10 Gebote" – kein Rezept für den schnellen, aber die Basis für langfristigen Erfolg.

Mit „Geboten" ist das eine heikle Sache – es ist anmaßend, wenn sich jemand berufen fühlt, seine Meinung zum allgemein gültigen Gesetz zu erheben. Ich habe mich dennoch entschlossen, hier jene zehn Tipps zusammenzufassen, die ich persönlich als die wichtigsten sehe – als Grundlage, als Voraussetzung für Siege. Nicht als schnelles Erfolgsrezept. Denn dass jeder Läufer seinen eigenen Weg zum Erfolg finden muss, ist ja das elfte Gebot …

1. Gebot: Du sollst so viel frei fahren wie möglich.
Von Kindheit an hat mir Robi Trenkwalder beigebracht, dass man nur ohne den Stress von Stangen seine Technik verbessern, verändern oder weiterentwickeln kann. Die Selbstverständlichkeit und Sicherheit, die du in einem Rennen brauchst, holst du dir nur durchs freie Fahren. Vergiss nicht darauf, sorgfältig Schule zu fahren, auf der Piste deine Übungen konzentriert zu machen.

2. Gebot: Du sollst viel im Gelände fahren.
Es gibt „Spezialisten" für gewisse Geländebedingungen, Schnee- oder Wetterverhältnisse. Was haben diese Rennläufer falsch gemacht? Warum können sie sich nicht auf alle Bedingungen einstellen? Ganz einfach: Sie haben es verabsäumt, im Gelände zu fahren, bei verschiedensten Wetter- und Schneeverhältnissen. Nur ein *Skifahrer*, der in allen Situationen zurechtkommt, findet sich auch als *Rennfahrer* immer zurecht!

3. Gebot: Du sollst Grundlagenausdauer trainieren.
Das Wort „Grundlagenausdauer" verrät es schon: Sie

ist die Basis jeder sportlichen Leistung. Ausdauersportarten helfen dir dabei, über einen langen Renn-Winter fit zu bleiben. Und sie sind eine Basis für dein ganzes Leben – auch neben und nach der Renn-Karriere!

4. Gebot: Du sollst deine Beweglichkeit und Geschicklichkeit üben.
Im Rennsport kommst du oft in Situationen, in denen du blitzschnell reagieren musst – du musst instinktiv handeln, um im Rennen zu bleiben, um Bestzeit zu fahren oder um einen Sturz zu verhindern. Schärfe deinen Instinkt durch Beweglichkeits- und Geschicklichkeitsübungen – so bestehst du auch in Extremsituationen!

5. Gebot: Du sollst dich vielseitig sportlich betätigen.
Im späten Frühjahr und Sommer legst du die Basis für Erfolge im nächsten Winter – nicht durch verbissenes Training, sondern durch Abschalten. Gewinne Abstand zum Skifahren, um im Spätsommer mit umso mehr Freude zurückzukehren. Du sollst aber nicht auf der faulen Haut liegen: Nütze die Zeit, um so viele Sportarten wie möglich auszuüben – je mehr, desto besser!

6. Gebot: Du sollst kein Ja-Sager sein.
Auch wenn du noch jung bist: Du hast erstens ein Recht auf eine eigene Meinung – ein guter Trainer wird dir immer erklären, warum das oder jenes gut oder schlecht für dich ist. Und du hast zweitens das Recht, zu verstehen, was der Trainer zu dir sagt. Also trau dich nachzufragen, wenn du nicht auf Anhieb verstehst, was dein Trainer von dir will!

7. Gebot: Du sollst dein Werkzeug kennen.
Schon als Nachwuchs-Rennläufer solltest du genau Bescheid über dein Material wissen – Skituning, wachsen, Kanten feilen. Diese Kenntnisse sind auch in der Weltspitze wichtig, um gut testen und mit dem Servicemann erfolgreich zusammenarbeiten zu können!

8. Gebot: Du sollst deinem Körper Pausen gönnen.
Verordnete Regenerationsphasen haben einen Nachteil: Du lernst nicht, die Signale deines Körpers zu deuten. Nimm dir deine Pausen dann, wenn sie dein Körper verlangt. Achte genau auf die Zeichen, mit denen dein Körper zu dir spricht. Seinen Körper zu verstehen, kann man lernen!

9. Gebot: Du sollst eigenes Selbstvertrauen aufbauen.
Rennsport ist von Anfang an ein beinharter Kampf – schon in Kinderrennen geht es um viel. Schon früh musst du gegen Widerstände bestehen. Und schon früh gibt es genug Leute, die dich klein machen wollen, dir das Selbstvertrauen nehmen wollen. Mach dich daher nicht abhängig vom Urteil und der Meinung anderer – orientiere dich an dir selbst und an deiner eigenen Leistung!

10. Gebot: Du sollst Schule oder Lehre nicht vernachlässigen.
Rennsport-Erfolg hat viel mit Glück zu tun. Setze nicht alles auf eine Karte – das Risiko ist zu groß! Das Leben außerhalb des Rennlaufs ist dein wichtigster Rückhalt und dein großer Baustein für die Zukunft.

VIELE JAHRE FÜR WENIGE HUNDERTSTEL
Kitzbühel-Triumph, WM- und Olympiamedaillen, Weltcup-Siege in allen fünf Disziplinen: Günthers sportliche Karriere war eine der erfolgreichsten der Skigeschichte. Seine „10 Gebote“ sollen die Basis für deine Erfolge sein.

IM WIRKLICHEN LEBEN Ingrid, Carina, Michi und

ein Haus ohne Dach: Ein Ski-Idol und sein Zuhause.

DAS STIL-LEBEN EINER FAMILIE: MODERN LIVING AUF TIROLERISCH

„Günther Mader baut ein Haus ohne Dach!" – Die Schlagzeile der Bezirkszeitung aus dem Herbst 98 war nicht nur von bedeutender unfreiwilliger Komik. Sie beschreibt auch, wie leicht man im Stubaital Zugang zur architektonischen Idee der Familie Mader fand. Architekt Dieter Mathoi baute eine nüchterne Hülle aus Beton und Glas, die Ingrid nun mit Stil und Carina und Michi mit Leben füllen. Der Blick durch die Fensterfront ist auf den Serles gerichtet, Tirols anerkannt schönsten Berg, rund ums Haus stehen ein Nussbaum, Birken, Fichten und eine Lärche – Günther hat sich seine Vorliebe für die Vielseitigkeit über die aktive Karriere hinaus bewahrt. Wer dem Haus wenig Nähe zur Natur vorzuwerfen glauben muss, dem sei gesagt, dass der Hang dahinter erhalten blieb – aus Achtung vor der Natur, selbst in Form einer abschüssigen Wiese.

Günther Mader
ÜBER
LEBEN

Konzeption, Redaktion, Gestaltung:
Union Wagner, 1030 Wien, www.unionwagner.at

Mitarbeiter: Erich Blos (Redaktion), Ralph Manfreda (Artdirektion), Mag. Thorsten Medwedeff (Redaktion), Kurt Pinter (Fotografie), Marion Rodler (Fotoredaktion), Michael Schwab (Grafik), Mag. Bea Svoboda (Redaktion), Stefan Wagner (Text, Redaktion), Mag. Josef Weilguni (Lektorat)

Dieses Buch entstand nach einer Idee und auf Anregung von Bruno Rüdisüli.

Bildnachweise:
Kurt Pinter: Cover, Vorwort, Rückseite (u.), Seite 106/107, 181, 187, 188/189, 190/191; **Gepa:** Rückseite (2), Seite 6/7, 55, 59, 73, 80, 82, 83, 100, 103, 143, 148, 153, 155, 156, 157, 159, 161, 163, 164, 166, 167, 168, 170, 171, 176; **Contrast:** Seite 35 (li. o. Hausner), 35 (li. u. Ifkovits), 35 (re. u. Gamma/Berthoud), 59 (u. Schneider), 42 (Ifkovits); **Votava:** Seite 37, 41 (o.), 63 (o.), 75 (re. u.), 76, 104; **Alois Furtner:** Seite 51, 67, 70, 75 (li. o .); **Klaus Titzer:** Seite 62, 63 (u.), 97; **Horst Plankenauer:** Seite 75 (re. o.), 82 (re. u.); **Rudi Brandstätter:** Seite 75 (li. u.); **Roman Zach-Kiesling:** Seite 169; **News/Zach-Kiesling:** Seite 87, 95; **Robert Zolles:** Seite 82; **Sündhofer:** Seite 31; **Christophe Von Virag:** Seite 140/141, 173, 174, 180

Lithografie: Grafo, Wien

Edition Gutenberg in der Steirischen Verlagsgesellschaft m.b.H.

ISBN 3-900323-67-4